KB267523

노력의 배신

노력의 배신

어제와 같은 오늘을 살면서, 특별한 내일을 꿈꾸는 당신에게

최철 지음

BM 황금부엉이

머리말

지금까지의 인생을 정리해 보다

지금까지 살아오면서 나는 3가지 중요한 타이틀을 스스로에게 선물했다. 첫 번째는 22년 이상을 오직 호텔리어라는 직업을 지켜오면서 그 보상으로 받은 '총지배인'이라는 이름이다. 두 번째는 뜻하지 않게 찾아온 코로나 바이러스가 선물해 준 '유튜버'라는 이름이고, 마지막은 2022년에 생각지도 못했던 기회로 부여받은 '시킹알파 아시아 총괄 대표'라는 명함이다.

이렇게 세 번의 성공을 만들어낸 과정, 아니 세 번의 행운을 잡게 된 과정은 그렇게 순탄치 않았다. 지금까지 내가 살아온 시간들을 한마디로 표현하자면, 아마도 '새옹지마의 끝판왕' 정도가 될 듯하다. 결코 만만치 않았던 커다란 사건들이 내 인생에 찾아들면서, 나는 생각지도 못했던 의외의 행운들을 거머쥘 수 있었다.

이 책을 통해 공유하고 싶은 이야기는 내가 지속적으로 만들어왔던 성공이라는 결과보다는 그 과정에 대한 것이다. 그 과정에는 다른 이들이 만들어낸 성공 과정과는 사뭇 다른 점이 존재한다. 내가 이루어낸 세 번의 성공은 피나는 노력이나 치열한 인내의 시간에 대한 보상으로 찾아오지 않았다. 오히려 나는 정말 내 마음대로 살았다. 하고 싶지 않은 일은 가급적 피하고, 남들의 눈치를 보거나 평가나 시선에 크게 얽매이지 않으면서, 내 마음이 가는 대로 인생을 멋지고 재미있게 살아왔다고 자부한다. 그래서 나만의 성공 스토리를 여러분과 공유하고 싶다.

한국에는 아직도 인내와 고통의 시간을 감내해야만 간신히 도달할 수 있는 종착역이 바로 '성공'이라고 믿고 있는 사람들이 너무나 많다. 기나긴 고통의 시간을 견뎌내고 마침내 이루어낸 결실만이 성공이라는 한국적 사고에 나는 동의할 수 없다. 왜냐하면, 인생은 결과가 아닌 과정 그 자체에 의미가 있기 때문이다.

성공이라는 종착역에 도착하기 위해, 소중한 지금 이 순간을 희생하고 있는 분들에게 결과보다는 과정이 아름다웠던 나의 인생 이야기를 꼭 들려드리고 싶다.

아주 오래된 이야기부터 들려드리고 싶다. 나는 1973년생이다. 1970년대에 태어난 우리 X세대는 꿈이 없었다. 아니, 꿈이 없다기보다 거짓말처럼 모든 사람이 비슷한 꿈을 가지고 있었다. 누구의 잘못도 아니었다. 그때만 해도, 물질적인 결핍이 얼마나 무서운 것인지 직접 경험했던 대부분의 부모들은 똑같은 꿈을 꾸었다. 그때는 부모님의 꿈이 곧 자식의 꿈이 되던 시절이었다. 그래서 우리가 가야 할 길은 너무도 명확했다. 너도나도 자신의 능력, 적성, 흥미와 상관없이 열심히 공부해서 좋은 대학에 진학하고, 의사나 변호사가 되는 꿈을 대한민국의 모든 젊은이들이 함께 꾸던 시절이었다.

비교적 철이 늦게 들었던 나 역시도 그렇게 사는 것이 최고의 인생이라는 환상을 안고 학창 시절을 보냈다. 나는 고등학교에 진학할 때만 해도 당연히 의사가 될 것이라고 생각했다. 아주 어렸을 때부터 조부모님과 부모님의 끊임없는 권유 때문에, 다른 꿈을 꾸거나 다른 길을 가볼 생각을 아예 못 했던 것 같다. 불행인지 다행인지, 고등학교 진학 후 공부에 흥미를 잃어버린 나는 의대에 진학할 정도로 성적이 뛰어나지 못했다. 그래서 고3 때 난생 처음, 커다란 결정을 내리게 된다. 이과에서 문과로 전과를 결심한 것이다. 전교생 중에 이과에서 문과로 전과한 학생은 내가 유일했다. 그만큼 평범하지 않은 결정이었다. 하지만, 두려움을 삼키며 실행했던 덕분에 그 이후에도 인생의 고비마다 평범하지 않은 결정을 이어나갈 수 있었다. 남들과는 다른 나만의 성공 방정식이 만들어질 수 있었던 소중한 '첫 경험'이었다.

그때는 대부분의 젊은이들이 같은 목표를 향해 달려가던 시절이었다. 중·고등학교 시절을 희생해서라도 좋은 대학에 입학하고, 적당히 학점을 관리한 후 무사히 졸업하는 것이 모두가 도착하고 싶어 하는 인생의 첫 번째 종착역이었다. 그 다음에는 고시에 합격하거나 대기업에 취직해야 했다. 거기에 늦지 않게 결혼도 하고 자기 명의의 집도 살 수 있다면, 그야말로 남들이 부러워할 만한 인생을 살게 된다는 막연한 환상. 나 역시도 그런 기대를 안고 대학에 입학했다.

대학교는 천국이었다. 지금이야 '헬조선'이라는 말이 나올 정도로 청춘들이 고달픈 시대를 보내고 있지만, 그때만 해도 한국은 대만, 홍콩, 싱가포르와 함께 '아시아의 네 마리 용'이라는 타이틀을 달고 비상 중이었다. 그 영광의 날들은 언제까지나 영원할 것처럼 보였다. 취업 시즌이 되면, 대한민국 최고 기업들의 인사 담당자들은 인재를 확보하기 위해, 소위 명문대를 순회하며 취업 설명회를 개최했다. 대부분의 학생들이 공부보다는 졸업장을 따기 위해 대학을 다니던 그 시절에, 나는 학창 시절을 만끽했다. 당시 많은 대학생들이 그러했던 것처럼, 나 역시도 몸만 성인이었지 정신 연령은 어린 아이의 상태를 벗어나지 못하고 있었다. 인생에 대한 두려움이나 책임감도 느끼지 못한 채 방탕한 대학 생활을 즐겼다.

벌써 30년이 넘는 세월이 흘렀지만, 한 가지 모습이 생생히 떠오른다. 캠퍼스에는 '108 계단'이라고 불리던 계단이 있었다. 오후 네다섯 시가 넘으면 다들 수업을 마치고 그 계단을 내려왔지만, 오히려 나는 낑낑대며 올라갔다. 이것이 내가 기억하는 대학생 초년의 모습이다. 관심 없던 학과 수업에 억지로 들어가서 출석 체크나 하고 앉아 있기에는 자존심이 허락하지 않았다. 그래서 낮에는 학교 앞 만화가게에서 고등학교 때 공부한답시고 섭렵하지 못했던

《슬램덩크》와 《시티헌터》, 《드래곤볼》 전편을 읽어나가느라 바빴고, 수업이 끝나는 시간이 되면 술자리와 공연 연습이 50:50 정도였던 밴드 동아리에 가기 위해 열심히 계단을 올랐던 것이다.

한 가지 자랑스럽게(?) 내세울 점이 있다면, 대학시절 내내 '대출(대리 출석)'은 쪽팔려서 부탁한 적이 없었기 때문에 1학년 때 C나 D학점을 받은 과목이 하나도 없다는 것이다. 대신 F학점을 7개나 받았는데, 덕분에 졸업을 앞둔 4학년 2학기까지 21학점씩 꼬박 채우면서 부끄럽지 않은 학점으로 졸업할 수 있었다. 이것도 일종의 새옹지마라 할 수 있겠다. 그때 만약 F학점 대신 C나 D학점을 받았다면, 졸업 학점이 형편없었을 테니 말이다.

대학에서의 2년을 음주가무로 화려하게 보내던 나는 공군에 입대하면서 30개월이라는 자숙의 시간을 선물받게 된다. 사실 공군에 지원한 특별한 이유는 없었다. 그냥 아무나 다 가는 육군이 싫었을 뿐이다. 26개월 복무하는 육군에 비해 휴가를 자주 나올 수 있고, 비교적 군 생활이 쉽다고 해서 공군에 자원한 것이다. 하지만 운이 없게도, 아니 아주 다행히도(?) 생지옥과도 다름없는 자대에 배치를 받게 되었다. 비현실적으로 낮밤을 가리지 않는 구타와 폭력이 난무했던 곳에서 일병이 될 때까지 복무하면서, 나는 태어나서 처음으로 삶에 대한 두려움을 느꼈다. 삶에 대한 두려움이 생겼다는 건, 내가 어른이 되어간다는 첫 번째 신호였다. 이번에도 여김 없이 나의 인생은 새옹지마로 인해 한 단계 앞으로 나아가고 있었다.

거기에 화룡점정을 찍게 되는 사건이 발생하게 된다. 제대 후 대학 3학년 휴학 당시 IMF라는 역사적 사건이 터진 것이다. IMF가 대한민국을 공포의 도가니로 몰아넣었을 때, 나는 캐나다 밴쿠버에서 어학연수를 하고 있었다. 영어 공부에 대한 큰 뜻을 품고 떠난 건 아니었다. 그 시절 하나의 유행 같았던 어학연수를 핑계 삼아, 외국물도 먹고 외국인 여자친구도 사귀고 싶다는 마음으로 비행기를 탔었다. 그런데 신나게 놀아볼까 하는 바람을 가지고 떠났던 어학연수 기간에 국가 부도라는 초유의 사태가 발생한 것이다. 이때 나의 앞날을 완전히 뒤바꿔버린 작은 사건을 만나게 된다.

한국을 비롯한 아시아 전역에서 역사상 전례가 없던 경제 위기가 터지게 되자, 내가 다니고 있던 영어학원에서도 아시아의 경제 상황에 대한 기사를 읽고 토론하는 경우가 많았다. 하루는, 한국 국민들이 경제를 살리기 위해 '금 모으기 운동'을 한다는 소식이 캐나다 신문에 대서특필이 되었고, 학원의 수업 시간에 관련 기사를 읽고 그룹 토론을 한 적이 있었다. 그때 어느 나라인지는 잘 기억나지 않지만, 유럽 어딘가에서 온 클래스메이트가 나에게 이런 질문을 했다.

"국가 부도 사태로 인해 한국 가정의 가계 상황도 많이 어려울 텐데, 한국 사람들은 도대체 왜 이 어려운 시기에 귀한 금을 나라에 갖다 바치지?"

그래서 나는 한국인들의 이타적인 모습에 자랑스러움을 느끼며 그럴듯한 답변을 내어놓았다.

"한국 경제와 한국 기업을 살려내야 그 국민들 역시 다시 일자리가 생기고, 잘 살 수 있지 않겠어?"

나는 나름 정연한(?) 논리를 펼쳤다. 그러자 그 친구가 고개를 갸우뚱하며 이렇게 말했다.

"참 이상한 생각이다. 한국에 일자리가 없으면 한국을 떠나 다른 데 가서 살면 되지 않아?"

지금 와서 생각해 보면, 서로를 가로막는 국경 없이 여기저기에서 섞여 살아가는 유럽인 입장에서는 너무도 자연스러운 사고방식이었다. 하지만, 한국에서 태어나서 평생을 살아온 20대 중반의 서울 촌놈에게는 너무나 신선하고 충격적인 발상이었다. 지금에서야 이 이야기가 별 것 아닌 걸로 들릴 수 있겠지만, 25년 전 당시에는 한국 사람이 한국을 떠나 다른 곳에서 취업해서 산다는 건 그렇게 쉽게 할 수 있는 일이 아니었다.

아무튼, 그때부터 내가 인생이나 세상을 바라보는 관점이 180도 달라졌다. 가장 많이 달라진 부분은 위기가 찾아왔을 때 대처하는 내 모습이었다. 그때부터 나는 해결하기 어려운 일이 생기면, 그 문제 자체를 해결하기 위해 끙끙 앓거나 노력하기보다는, 좀 더 효과적인 해결책이나 효율적인 방법이 없는지 둘러보게 되었다. 나아가 골치 아픈 문제를 해결하는 것보다 좀 더 쉽고 좋은 다른 기회는 없는지 살펴볼 수 있는 여유를 가지게 되었다. 인생은 독서실에

갇혀 주어진 문제에 대한 정해진 답을 찾아내는 수학 문제 같은 것이 아니라, 끊임없이 탐험하면서 새로운 경험을 쌓아가는 여행 같은 것임을 비로소 깨닫게 된 것이다. 이런 깨달음 덕분에 나는 대학 졸업 후, 제대로 된 영어 능력을 갖추지 못했음에도 미국의 캔자스 시티에 위치한 하얏트 호텔을 생애 첫 직장으로 잡을 수 있었다. 이 시기부터는 보이지 않던 인생의 기회들이 갑자기 보이기 시작했고, 문제점보다는 가능성에 초점을 맞추고 도전을 시작하면서, '불가능할 거야!'가 '가능할 수도 있겠는데?'로 바뀌기 시작했다.

취업 후 1년이 지난 후에도 미국에 계속 거주하고 싶었지만, 비자 문제에 직면하게 되었다. 그때도 나는 눈앞의 문제에 좌절하지 않고, 비자 문제가 쉽게 해결될 수 있는 차선책을 찾아 영국으로의 이주를 쉽게 결심할 수 있었다. "미국이 안 되면, 영국으로 가보지, 뭐!" 이런 식의 접근이었다. 그 이후로도 인생은 늘 그런 식이었다. 문제가 생기면 문제에 집착하면서 힘들어하기보다 더 넓은 범위에서 해결책을 모색하는 습관을 가지게 되었다.

뒤에서 언급할 기회가 있겠지만, 미국의 비자 문제 때문에 차선책으로 선택했던 영국에서 나는 9년을 머물게 된다. 영국 거주 9년 차였던 2009년, 나는 밀레니엄(Millennium)이라는 글로벌 체인 호텔에서 근무하고 있었다. 그때 '서브프라임 모기지 사태'라는 글로벌 경제 위기가 찾아왔고, 나는 근무하던 호텔에서 하루아침에 정리해고를 당했다. 그전까지 정리해고는 드라마에나 나오는 이야기인 줄 알았다. 평소에 별로 가깝게 지내지도 않았던 호텔의 부총지배인의 호출을 받았는데, 5분도 채 되지 않는 짧은 대화를 통해 내가 잘렸다는 것을 통보받았다. 3개월 분량의 월급을 일시불로 받고 쫓겨났는데, 그때는 그것마저도 다행이다 싶었다.

난생 처음 해고를 당한 상황에서도 나는 문제보다 해결책에 집중했다. 뒤에서 자세히 이야기하겠지만, 나의 '성공 습관'이 만들어준 스스로에 대한 믿음과 확신이 있었기에 가능한 일이었다. 아내도 나의 정리해고 소식에 엄청나게 놀라지 않았다. 적어도 놀라는 기색을 하지는 않았다. 마치 '난 내 남편을 믿는다'는 강력한 메시지를 보내는 느낌이었다. 그래서 나는 아주 쉽게 "그럼 이번에는 조국으로 돌아가서 살아볼까?"라고 생각하게 되었고, 9년이나 머물렀던 영국에서의 삶에 미련을 두지 않고 한국행 비행기에 몸을 실을 수 있었다. 하지만 우여곡절 끝에 시도했던 역이민은 오래 가지 못했다. 한국에서의 시간이 4년 남짓 흘렀을 때, 나는 한국에서의 직장 생활에 대해 심각한 회의감과 염증을 느끼게 되었고, 또 다시 미련 없이 한국을 떠나 아무런 연고도 없는 동남아시아로 이주를 결심하게 된다.

내가 생각하는 인생은 이런 모습이다. 최종 목적지가 중요한 것이 아니라, 그 여정 자체를 즐겨야 한다는 것이 내가 인생에 대해 가지고 있는 생각의 커다란 줄기다. 여기저기 돌아다니면서 떠돌이 인생을 살아온 것이 무슨 자랑이냐고 말하는 분들도 있겠지만, 적어도 내 인생에서는 내가 주인공이자 작가이자 감독이다. IMF나 서브프라임 모기지 등의 경제 위기 같은 외부적인 변화로 인해 간간이 고비가 찾아왔지만, 내 뜻대로 만드는 인생을 살고 싶었고, 그 생각대로 살아왔다고 자부한다.

이렇게 버라이어티한 인생을 살아온 나처럼, 여러분도 지금 눈앞에 찾아온 순간과 인생의 과정을 겁내지 말고 즐겼으면 한다. 하루하루 별 탈 없이, 문제없이, 무사하게 보내는 것이 인생의 목표가 되어서는 안 된다. 감당하기 어려울 정도의 고난이 찾아올지라도, 조금은 더 특별하고, 재미있고, 신명나는 인생의 이야기를 써나가는 여러분이 되길 바란다.

차례

PART 1
내 인생을 만든 순간들

PART 2
일과 관계 속에서 배우고 자라나다

PART 3
또 다른 무대, 내일을 향해 걷다

PART 1

내 인생을 만든 순간들

모든 만남에 진심을 다하라

초등학교 시절, 은사님 한 분이 이런 말씀을 하셨다.

"여러분에게 가장 중요한 때는 바로 지금 이 순간이고, 가장 중요한 사람은 지금 여러분 앞에 있는 사람이다. 그리고 가장 중요한 일은 지금 여러분의 앞에 있는 사람을 위해 최선을 다하는 것이다."

톨스토이가 쓴 《세 가지 질문》에 나오는 이야기다. 내가 수많은 사람과 교류하고, 소통하고, 함께 일하는 호텔리어로서 성공적인 커리어를 쌓아가는 데 커다란 도움을 준 은사님의 은혜로운 조언이었다.

2009년에 비슷한 교훈을 얻은 적이 있다. 그보다 2년 전인 2007년, 나는 세계적으로 유명한 초특급 호텔인 리츠 런던(The Ritz London)에서 레비뉴 매니저(Revenue Manager)로 일하고 있었다. 레비뉴 매니저는 호텔의 매출을 극대화하기 위한 가격 정책과 판매 채널 전략을 수립하고 관리하는 사람이다. 2007년 당시 호텔 산업에는 생소했던 레비뉴 매니지먼트에 대한 관심이 높아지면서, 런던에서 최초로 전 세계의 레비뉴 매니저들이 만나 교류하고, 그들의 노하우를 공유하는 컨퍼런스가 개최되었다.

나는 근무지가 런던이라서 쉽게 참가를 결정했지만, 한국에서는 비용 부담 때문에 참가자가 없는 듯했다. 그런데 행사 마지막 날에 우연히 한국인 참가자가 있다는 것을 알게 되었다. 나는 반가운 마음에 그분과 저녁식사를 함께했다. 당시 아내가 매니저로 근무하고 있던 5성급 호텔의 레스토랑으로 초대해 아내를 소개하고 식사 한 끼를 대접했다. 저녁식사 후에는 의례적으로 명함을 주고받았다. 다시 만날 확률이 거의 없는 사이였기 때문에, 서로의 행복한 인생을 기원하면서 헤어졌던 것 같다.

2년이 지난 어느 날, 갑자기 그분에게서 연락이 왔다. 자기가 프랑스로 이민을 가게 되었는데, 혹시 한국에 들어와서 자기가 일하던 호텔에서 레비뉴 매니저로 일할 생각이 없느냐는 거였다. 타이밍이 기가 막혔다. 그 연락을 받기 몇 달 전, 나는 서브프라임 모기지 사태로 촉발된 글로벌 경제 위기로 인해 실업자가 된 상황이었기 때문이다. 2009년 초 영국 경제는 최악의 상황이었고, 새로 직장을 구하기는 '하늘의 별 따기'만큼 어려웠다. 그 어려운 시기에 2년 전 딱 한 번 만난 사람으로부터, 그것도 머나먼 한국 땅에서 연락이 온 것이다. 그렇지 않아도 한국에서의 직장 생활이 궁금했던 나는 그 제안을 흔쾌히 받아들였고, 추천을 받은 상황이었기에 전화 통화로 진행된 인터뷰를 가볍게 통과했다. 그리고 몇 달 뒤, 나는 9년 가까이 거주했던 영국을 떠나 한국행 비행기에 몸을 실었다.

그 후 거의 4년 동안의 직장 생활은 결코 만만치 않았다. 하지만, 그 기간 동안 내가 근무한 아코르 호텔 그룹에서 총지배인 양성 프로그램의 대상자로 선정되는 행운을 만났다. 그 덕분에 나는 몇 년 후 인도네시아에 위치한 풀만 호텔의 부총지배인으로 부임하게 되고, 얼마 지나지 않아 노보텔 롬복이라는 리조트 호텔에서 처음으로 총지배인 타이틀을 달 수 있게 된다. 만약 2008년 글로벌 경제위기가 찾아오지 않았다면, 그래서 근무하고 있던 호텔에서 해고되지 않았다면, 나는 평생의 꿈이었던 호텔 총지배인 자리에 오를 수 있었을까? 그래서 나의 인생은 '새옹지마의 끝판왕'이라고 부를 만하다. 물론 이러한 새옹지마가 가능했던 이유 중 하나는, 초등학교 시절 은사님의 조언에 따라, 매 순간 내 앞에 있는 사람들에게 진심을 다한 습관 때문이었다.

2022년에도 비슷한 경험을 했다. 2022년 2월, 나는 시킹알파라는 전 세계 최대 규모의 미국 주식투자 플랫폼 기업에서 아시아 총괄 대표라는 책임을 맡았다. 그야말로 전형적인 낙하산 인사였다. 2020년 말, 유튜브 방송을 위해 시킹알파의 창업자이자 CEO인 데이비드 잭슨(David Jackson)과 인터뷰를 진행한 적이 있었다. 그때 나는 개인 투자자들이 전문 투자자들과 어깨를 나란히 할 수 있도록 양질의 투자 정보를 제공하기 위해 시킹알파를 창립했다는 데이비드의 비전, 그리고 그의 겸손한 태도와 인간적인 매력에 매료되었다. 그 후 데이비드와 나는 개인사까지 공유하는 좋은 친구 사이로 발전했다. 내가 호텔리어의 길을 포기하고 전업 유튜버가 되었다는 말에, 데이비드는 시킹알파를 위해 일해 달라고 부탁했다. 이제 막 투자 세계에 입문한 내가 아주 큰 역할을 맡게 된 것이다. 그때 데이비드는 이렇게 말했다.

"호텔리어로서도 최고의 목표를 달성했었고, 제로에서 시작했던 유튜브 채널도 짧은 시간에 대형 채널로 성장시켰으니, 시킹알파 아시아 총괄 대표라는 새로운 역할도 잘 해낼 것이다."

유튜버와 게스트라는 단순한 만남이 내 인생에 또 하나의 극적인 변곡점을 만들어주었다.

한국 사람들은 사람을 평가하는 것을 즐긴다. 어떻게 보면, 타인에 대한 관심이 많다는 의미가 된다. 이제부터는 타인에 대한 관

심을 긍정적인 방향으로 돌려보자. 내 앞에 있는, 내 옆에 있는 누
군가를 평가하고 비판하는 대신, 진심을 담아 호의를 베푼다면, 언
젠가는 그 사소한 인연으로부터 도움의 손길을 받는 날이 올지도
모를 일이다.

노력의 배신

잘못된 결정은 존재하지 않는다

나는 전업 유튜버가 되기 전 마지막으로 근무했던 호텔(노보텔 보고르&이비스 스타일 보고르)에서 임직원들을 위해 매주 수요일 오후 3시에 강연을 했었다. 'GM클래스(총지배인의 교실)'라는 이름으로 진행된 강연으로, 참석을 원하는 직원은 호텔 영업 상황에 따라 자유롭게 청강할 수 있었기 때문에 보통은 30~40명, 많으면 50명 이상이 모여들기도 했다. 총지배인의 자리에 오르고 난 후 삶의 목표를 잃어버린 상황에서, 후배 양성이라는 새로운 인생의 목표를 수립하면서 시작한 프로젝트였다. GM클래스는 코로나 사태가 호텔 업계를 덮치기 전까지 2년이 넘는 동안 매주 열렸기 때문에, 적어도 100번 이상 진행되었다.

강연 주제 중 'Good Baby, Bad Baby' 이야기가 기억에 남는다. 여러분을 위해 내용을 간단히 요약해 보겠다. 우리는 누구도 이제 막 태어난 아기에게, "이 아기는 좋은 아기야. 저 아기는 나쁜 아기야"라고 단정해서 말하지 않는다. 왜냐하면 갓난아기의 미래는 아직 정해지지 않았음을 너무도 잘 알고 있기 때문이다. 나는 세상에 태어난 모든 아이들은 하나같이 행복하고 성공적으로 자랄 수 있다고 믿는다. 부모를 비롯하여 아이가 자라면서 만나게 되는 주위 사람들이 사랑으로 보살피고, 끊임없이 긍정적인 에너지와 희망적인 메시지를 주면서 키워간다면 말이다. 하지만 아무리 뛰어난 잠재력을 지니고 태어난 아기라 할지라도, 부모의 관심과 사랑을 받지 못하고, 아이의 주변에 긍정적인 메시지나 에너지를 전해주는 사람이 없다면, 좋은 사람, 행복한 사람, 성공적인 사람으로 자랄 가능성은 떨어질 수밖에 없다.

세상의 모든 아이는 훌륭한 어른으로 성장할 잠재력을 지니고 이 세상에 태어나지만, 아이의 미래는 주위 사람들이 바라보는 시선에 따라 천차만별 달라질 수 있다는 것이, 나의 개인적인 생각이다. 만약 아이의 미래가 이미 태어날 때부터 정해져 있다면, 우리가 자녀 교육 문제에 그렇게까지 신경 쓸 이유는 없을 것이다. 교육의 가치는 교육이 사람의 미래를 바꿀 수 있다는 전제하에 존재하는 것이다.

우리가 살아가면서 끊임없이 만들어내는 크고 작은 결정들의 운명도 마찬가지라고 생각한다. 사실, 인생은 우리가 살아가면서 내린 결정들이 쌓여서 만들어지는 스토리의 집합체라고 봐도 과언이 아니다. 그런 맥락에서 보면, 우리가 매 순간 만들고 있는 결정과 선택은 이제 막 세상에 태어난 아기와 마찬가지로 미래가 결정되지 않은 존재인 것이다.

태어나는 순간에 좋은 베이비와 나쁜 베이비가 없는 것처럼, 만들어지는 순간부터 좋은 결정이나 나쁜 결정은 존재하지 않는다. 우리가 어떤 결정을 내릴 때에는 그러한 결정과 선택에 도달하게 된 합리적인 이유와 논리가 존재하기 마련이다. 그렇기 때문에 일단 결정을 내리고 나면, 그 결정을 믿어야 한다. 그 결정을 내리게 만든 이유와 논리를 믿어야 한다는 것이다. 왜냐하면 최선의 결정은 태어나는 것이 아니라 만들어지는 것이기 때문이다.

그래서 나는 새로운 결정을 내릴 때마다 그 결정이 최선이었다고 확신하고, 포기하지 않고 끝까지 최선을 다한다면 그것은 좋은 결정으로 결론이 날 가능성이 매우 높다고 생각한다. 반면, 심사숙고해서 내린 결정이었음에도 불구하고, '잘 결정한 것이 맞을까?', '실수한 것 아닐까?', '잘 안 되면 어떡하지?'와 같이 부정적인 생각만 거듭하다 보면, 부모에게 한 번도 믿음을 받아보지 못한 아이들처럼 결국 그 결정은 실패라는 결과물을 만들어낼 수밖에 없다.

나는 그동안 남들의 눈에는 무모해 보이는 결정을 많이 내려왔다. 최소한의 영어 실력으로 외국에서 직장 생활을 시작했던 것도, 10년간 떠나있던 한국으로 역이민을 온 것도, 그리고 연고도 없는 동남아로 이주한 것도, 결코 평범하거나 쉬운 결정은 아니었다. 더욱이 22년간 몸담았던 호텔리어라는 타이틀을 버리고 전업 유튜버로 전향한 결정도, 사람들이 보기에는 무모한 도전으로 보일 것이다. 하지만, 나는 단 한 번도 나의 결정을 의심해 본 적이 없다. 왜냐하면 그 결정에 대한 미래는 이미 결정된 것이 아니라, 내가 직접 만들어나갈 수 있음을 이미 과거의 경험을 통해 너무도 잘 알고 있기 때문이다. 이러한 나의 생각과 믿음은 동기부여나 자기계발 도서가 아니라, 지금도 현재 진행 중인 경험을 통해 학습된 것이기 때문에 웬만한 어려움에 굴복하지 않을 수 있었다.

자신의 결정을 믿어야 한다. 항상 옳은 선택만 할 수 있는 나의 능력이나 운을 믿으라는 말이 아니다. 미래는 이미 존재하거나 예측하는 것이 아니라 정해지지 않은 것임을 기억하라. 미래는 만들어지는 것이다. 지금부터라도 여러분의 미래는 여러분이 원하는 방향으로 이끌고 나가기를 바란다.

실패는 성공의 어머니가 아니다

우리가 살아가면서 만나게 되는 주위 사람들 중에는 항상 운이 좋아 보이는 사람들이 꽤 많다. 이상하게도 그 사람들은 절대 실패하는 법이 없고, 하는 일마다 좋은 결과를 만들어낸다. 반면, 어떤 이들은 열심히 노력하는데도 불구하고, 하는 일마다 꼬이고 악재가 겹쳐 실패를 거듭한다.

나는 운이 좋게도 전자의 삶을 살아왔다. 어느 정도로 운이 좋았냐면, 지금까지 살아오면서 가장 많이 했던 말 중 하나가 "I am always lucky"(나는 항상 운이 좋아)일 정도다. 사실 운이 좋은 사람들이 "I am always lucky"라고 말하는 것은, 진심에서 우러나왔다기보다 겸손의 표현에 가깝다. 이들이 항상 성공하는 이유는 단지 운이 좋아서가 아니라, 그들 나름의 '성공 습관'이 있기 때문임을 간파해야 한다. 지금부터 여러분 모두가 항상 운이 좋은 사람이 될 수 있는 방법을 공유하고자 한다. 이번 챕터만 집중해서 읽어도 이 책을 구입한 보람이 있을 것이다.

비결은 간단하다. 말장난처럼 들릴 수도 있겠지만, 항상 운이 좋은 사람이 되기 위해서는 항상 성공하는 사람이 되면 된다. 일단 사람들마다 가지고 있는 성공의 정의가 상이할 수 있으므로, 내가 생각하는 성공의 정의부터 확실히 하고 싶다. 나에게 있어 성공이란, 사회적 혹은 통상적으로 인정받는 지위나 부를 일구어내는 데 국한된 것이 아니라, '진심으로 원하고 바라는 것'을 이루어내는 것이다. 내가 원하는 것이 무엇이든, 그것을 이루어내는 것을 '성공'이라 칭하고 싶다.

예를 들어, 오랫동안 피워왔던 담배를 끊고 싶다는 생각이 들면 바로 끊을 수 있어야 한다. 갑자기 체중이 늘어 다이어트를 시작하기로 마음먹었다면, 의지대로 살을 뺄 수 있어야 한다. 오늘부터 매일 운동해야겠다고 마음먹었다면, 원하는 대로 운동을 할 수 있어야 한다. 또한, 지금부터 노후를 위해 은퇴자금을 모으기로 계획했다면, 목표로 하는 금액을 만들어낼 수 있어야 한다. 이렇게 내 마음대로 인생을 온전히 지배할 수 있을 때, 우리는 성공적인 삶을 살고 있다고 말할 수 있을 것이다.

이렇게 자신이 원하는 것들을 지속적으로 이루며 살아가는 것은 매우 중요하다. 왜냐하면 '성공'이라는 단어는 그 자체가 커다란 의미를 가지기보다 '행복'이라는 목표를 달성하기 위한 과정에 불과하기 때문이다. 쉽게 말해, 행복이라는 감정을 느끼기 위해서는 자신에게 긍정적인 자극을 자주 안겨주어야 한다. 그런 의미에서 인생의 크고 작은 미션들을 성공시킨다는 것은 자신의 인생에 크고 작은 긍정적인 자극들을 지속적으로 선물해 준다는 의미로 해석된다.

100% 성공하는 인생을 꾸려나가기 위해서는, 먼저 한 가지 간단한 깨달음이 선행되어야 한다. 그것은 바로, 우리 인생에서 웬만한 일은 다 성공하게 되어있다는 사실이다. 다시 말해, 성공은 당연한 결과라는 것이다. 여러분이 지금까지 많은 실패를 경험해 왔다면, 그건 성공하지 못한 것이 아니라 성공하지 않은 것이다. 다시 말해, 성공이라는 결과를 포기하고 실패라는 결과를 선택했다는 것이다.

대부분의 사람들은 갑자기 다음 달부터 연봉 10억을 받겠다거나, 다음 달까지 100억짜리 집을 사겠다거나, 생전 운동을 하지 않다가 갑자기 100미터를 9초에 주파하겠다는 허무맹랑한 목표를 세우지 않는다. 실현 가능한 목표를 세운다. 그러니 지금까지 실패한 많은 계획과 목표들은 애초부터 실현 가능성이 높았던 것이다. 하지만 우리는 착각한다. 누구나 쉽게 달성할 수 있는 목표를 세웠음에도 불구하고, 우리가 가지고 있는 목표에는 성공과 실패라는 두 가지 결과가 공존한다는 이유만으로, 마치 성공 확률이 50%, 실패 확률이 50%라는 말도 안 되는 계산을 하게 된다. 그래서 실패라는 결과물을 "뭐, 그럴 수도 있지"라며 아무렇지 않게 받아들이고 자신도 모르는 사이에 실패의 습관을 쌓아가는 것이다. 그렇다! 실패는 습관이다. 약속에 늦는 사람이 늘 같은 사람인 이유가 바로 여기에 있다. 정해진 시간 내에 도착하지 못하는 실패에 익숙해진 사람은 다른 목표에서도 실패할 가능성이 매우 높다.

아직 잘 이해가 되지 않는 독자들을 위해 간단한 시뮬레이션을 해보겠다. 만약 앞으로 3년 동안 단 하루도 예외 없이 매일 한 시간씩 조깅이나 수영을 해야 한다는 미션을 받게 된다면, 성공 확률이 얼마나 될까? 50%는 넘어갈까? 앞으로 3년 안에 300권의 책을 읽어야 하는 미션은 어떨까? 많이 어렵게 느껴질 것이다. 앞으로 5년 안에 두 가지의 새로운 언어를 일상 회화가 가능할 정도로 마스터해야 하는 미션은 어떤가? 성공 확률 '제로'라는 생각부터 들지 않는가?

이번에는 똑같은 미션을 금전적인 보상과 함께 제시해 보겠다. 앞으로 3년간 매일 조깅이나 수영을 해야 하는 미션의 경우, 성공 시 상금 1억 원을 받을 수 있다. 앞으로 3년 안에 300권의 책을 읽어야 하는 미션은, 성공한다면 3억 원을 받을 수 있다. 마지막으로 5

나는 단 한 번도 나의 결정을 의심해 본 적이 없다.
그 결정에 대한 미래는 이미 결정된 것이 아니라,
내가 직접 만들어나갈 수 있음을
이미 과거의 경험을 통해 너무도 잘 알고 있기 때문이다.

자신의 결정을 믿어야 한다.
미래는 이미 존재하거나 예측하는 것이 아니라
정해지지 않은 것임을 기억하라.
미래는 만들어지는 것이다.

년 안에 두 가지의 새로운 언어를 마스터하는 목표는 성공할 경우, 5억 원을 받을 수 있다. 이제 다시 묻겠다. 3가지 미션에 대한 성공 확률은 어느 정도인가? 아직까지도 성공 확률이 반, 실패 확률이 반으로 느껴지는가?

아마 모르긴 해도 많은 분들이 그 정도 보상이면 해볼 만하다고 의지를 불태우고 있을 것이다. 한 가지 재미있는 점은 앞에서 제시한 미션들에 걸린 상금은 사실 인생에서 같은 목표를 이루어냈을 때 받을 수 있는 보상보다 적은 액수일 가능성이 매우 높다는 것이다. 우리가 3년 동안 매일 한 시간씩 운동을 해서 얻을 수 있는 건강이나, 3년 안에 300권의 책을 읽는다거나, 5년 안에 두 가지의 새로운 언어를 습득해서 만들어낼 수 있는 인생의 변화와 발전, 또한 새롭게 주어지는 기회들은 앞에서 언급된 상금보다 훨씬 더 커다란 가치를 우리에게 가져다 줄 수 있다.

정리해 보겠다. 우리가 살아가면서 실패를 반복하는 첫 번째 이유는, 우리 스스로가 성공하는 것이 당연하다는 것을 믿지 않기 때문이다. 99%의 성공 확률을 가지고 있음에도 불구하고, 원래 실패할 확률이 50%였다고 믿기 때문에, 담배를 끊지 못하고, 다이어트에 매번 실패하며, 운동도 1주일 이상 지속하지 못하는 것이다. 우리가 자꾸 실패하는 두 번째 이유는, 성공했을 때 엄청난 보상이 기다리고 있다는 것을 깨닫지 못하거나 믿지 않기 때문이다. 이 부분은 앞의 시뮬레이션을 통해 강렬한 메시지가 전달되었을 것으로 믿는다.

실패는 성공의 어머니가 아니다. 이제 여러분의 인생에서 실패라는 단어를 지워버릴 때가 왔다.

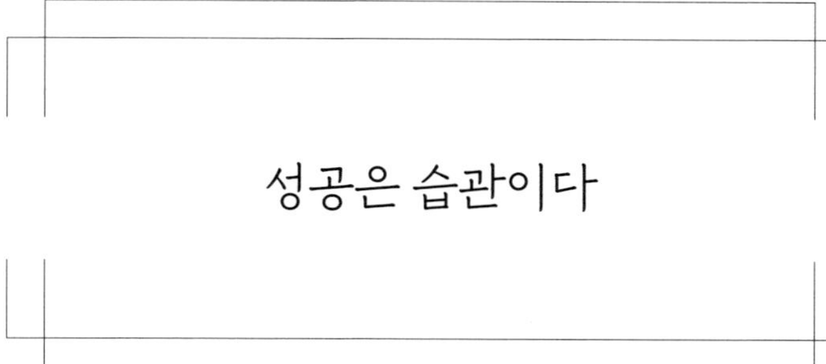

성공은 습관이다

나는 지금까지 원하는 것을 대부분 이루면서 살아왔다. 40대 초반이라는 비교적 젊은 나이에 웨이터 시절부터 꿈꿔왔던 총지배인이라는 자리에 올랐고, 무에서 유를 창조한다는 마음으로 시작한 유튜브 채널을 2년이라는 짧은 시간 동안 36만 이상의 구독자를 가진 대형 채널로 성장시켰다. 그렇다고 성공이 이렇듯 커다란 이벤트만을 지칭하는 것은 아니다.

살다 보면 하고 싶거나 이루고 싶은 일들이 많이 생기는데, 나는 인생의 작은 미션들을 대부분 성공시켰다. 예를 들어, 대학교 3학년 때 영어 실력을 늘려야겠다는 목표가 생기자 하루 10시간 가까이 영어에 매달려 결국 생애 첫 번째 직장을 미국에서 구했고, 체중이 너무 늘어서 운동을 시작해야지 마음먹으면 최소 1년 이상은 포기하지 않고 운동을 지속했다. 그래서 나의 체중은 20년간 거의 변화가 없다. 그뿐만이 아니다. 남자로 태어났으면 한 번쯤 '식스 팩'을 가져야 한다는 생각이 들었을 때도 2년 정도 꾸준히 목표를 향해 달려가서 40대 후반에 목표를 이루었다. 팬데믹 기간이었던 2021년 어느 날에는 갑자기 담배를 끊어야겠다는 생각이 들었는데, 그날부터 30년 가까이 피워왔던 담배를 피지 않았다.

내가 원하는 바를 대부분 이루면서 살아가는 비결이 궁금할 것이다. 100% 성공하는 인생을 살기 위한 비결을 알고 싶은가? 그 해답은 의외로 간단하다. 되도록 많은 성공을 반복적으로 경험하는 것이다. 즉, 성공하는 습관을 체득하는 것이다. 수많은 성공을 반복적으로 경험함으로써, 다가오는 미래에 마주하게 될 모든 계획과 목표 역시 늘 그랬던 것처럼 성공시킬 수 있는 습관을 자신에게 만들어주는 것이다.

여러분이 여기까지 공감한다면, 다음 질문은 이것이 되어야 한다.

"성공하는 습관은 어떻게 만들 수 있을까?"

아주 효과적이고 쉬운 방법이 있다. 지금부터 성공 습관을 가지게 되는 그날까지, 너무나 쉽고 간단해서 실패 확률이 0%에 가까운 미션을 가능한 한 많이 만들어서 하루도 빠짐없이 매일 성공해 나가는 것이다. 예를 들어, 하루 5분 운동하기, 하루 5분 독서하기, 하루에 새로운 영어 단어 1개씩 익히기 등 난이도가 너무 낮아서 실패가 불가능한 미션을 되도록 많이 만들어 성공해야 한다. 여기서, 키포인트는 절대 실패하지 않는 것이다. 단 한 번도 실패를 허용해서는 안 된다. 독감에 걸려서, 중요한 술자리가 있어서, 부모님 생신이라서, 딱 하루만 쉬어간다는 생각을 버려야 한다. 하루를 쉬면 이틀을 쉬게 되고, 그러다 보면 나중에는 비가 와서, 너무 추워서, 너무 더워서, 날씨가 너무 좋아서(?)라며, 빠져나갈 구멍을 만들게 된다. 어차피 5분짜리 미션이다. 절대 실패와 타협해서는 안 된다. 그렇게 해야만 지금까지 쌓아왔던 실패하는 습관을 버릴 수 있다.

또한, 목표를 세울 때 변수를 제외시켜야 한다. 오로지 나의 의지에 의해 결과가 바뀔 수 있는 목표를 세워야 한다. 예를 들어, 토익 점수 900점 혹은 한 달에 2kg 감량이라는 목표는 변수가 너무 많다. 변수가 많으면 핑곗거리가 생기게 되고 100% 성공하는 습관을 기르는 것이 힘들어진다. 따라서 같은 미션이라도 하루에 영어 공부 2시간, 조깅 1시간처럼, 오로지 내 의지에 의해 성패가 결정되는 목표를 세워야 한다.

마지막으로 하나의 룰이 더 있다. 최소 66일 동안은 주어진 미션에 대한 성공을 이어나가야 한다. 특별히 66일을 성공의 기간으로 설정한 이유는, 2009년 런던대학교의 심리학 연구팀이 리서치를 통해 발표한 내용에 기반한 것이다. 런던대학교의 원조격인 영국 UCL(University College London)의 필리파 랠리(Phillippa Lally) 교수의 연구팀은 사람들이 새로운 습관을 형성하는 데 필요한 기간이 평균 66일이라는 것을 발견했다. 물론, 개인에 따라 이 기간이 더 짧아져도 상관없거나 1~2달 더 길어져야 하는 사람들도 분명 존재할 것이다. 자신보다 자기를 잘 아는 사람은 없다. 여러분 각자가 결정할 부분이다. 여기서 핵심은 절대 실패할 수 없는 작고 사소한 계획들을 설정하고, 최소 66일간 혹은 각자가 설정한 기간 동안, 단 하루의 예외도 없이 이 미션들을 수행해 내는 것이다. 이것이 100% 성공하는 삶으로 가는 첫 번째 과정이다.

첫 번째 미션을 통해 성공의 기쁨을 맛봤다면, 다음부터는 실패하지 않을 정도로 난도를 높여가면서 지속적으로 성공 경험을 반복해야 한다. 가령, 하루 5분 목표였던 독서나 운동은 10분으로, 하루 1개씩 공부했던 영어 단어는 2개로 늘리는 식이다. 물론, 이번에도 절대 실패하면 안 된다. 어떻게 하든 66일 동안 쉬지 않고 계속 성공 경험을 이어나가는 것이 이 프로젝트에서 가장 중요한 핵심이다. 또 다시 66일간 성공적인 사이클을 마무리했다면, 다시 처음으로 돌아가 아주 조금만 난도를 올려서 또 한 번의 사이클을 반복한다. 이번에는 10분하던 독서나 운동을 15분, 혹은 20분까지 늘려야 한다. 하루에 2개씩 외우던 영어 단어는 4~5개씩 외워가면서 또 한 번의 사이클을 성공적으로 마무리해야 한다. 이렇게 나만의 페이스와 의지에 맞추어서, 66일의 성공 사이클을 5~6번 반복하다 보면, 여러분은 어느새 하루 40~50분 혹은 1시간씩 지루한 운동이나 독서를 단 하루의 예외 없이 지켜내고 있는 성공적인 자신을 만나게 될 것이다. 물론, 이렇게 성공의 사이클을 대여섯 번 반복하기 위해서는 최소 1년 정도의 시간이 필요할 것이다. 하지만, 단 1년도 투자하지 않고 인생을 바꾸는 방법은 있을 수 없다.

성공 습관이 만들어지면 자신감이 붙기 때문에, 새로운 목표나 프로젝트에 주저 없이 도전하는 경우가 많아진다. 자신도 모르는 사이에 잠재되어 있던 자존감이 상승하면서 무기력했던 모습에서 활력 넘치는 모습으로 탈바꿈하게 된다. 그렇게 새롭게 수립한 목표나 계획들을 지속적으로 성공시켜 나가는 과정에서 자신에게 적합한 성공의 방정식을 발견하게 되고, 성공 가능성을 극대화할 수 있는 계획 수립 방법, 목표 설정을 위한 자신만의 노하우가 쌓이게 될 것이다. 그리고 결국 성공의 습관화가 가능해지는 것을 경험하게 될 것이다. 드디어 마음먹은 것은 모두 해낼 수 있는 새로운 자신과 만나게 되는 것이다.

이 책을 집필하는 동안 나는 1년 이상 등한시했던 운동을 다시 시작했다. 매일 조깅을 30분 이상 하는 것이 목표였다. 이번에도 나는 첫날부터 무리한 계획을 세우지 않았다. 처음에는 1km를, 그리고 두 달 이후에는 2km 정도로 하루에 뛰는 거리를 조금씩 늘려나갔다. 5개월이 지난 지금은 매일 최소 4~5km 정도를 달리고 있다. 오늘 당장 얼마나 먼 거리를 뛸 수 있는가는 나의 건강에 많은 영향을 주지 않는다. 중요한 것은 내가 내일도, 다음 주에도, 다음 달에도, 6개월 후에도 매일 뛰고 있느냐, 아니면 집에서 퍼져있냐는 것이다.

서두를 필요 없다. 아주 작고 사소한 일부터 시작해서, 하루하루 성공의 경험을 쌓아가야 한다. 반복되는 성공 경험은 여러분에게 성공 습관을 만들어줄 것이다. 성공 습관을 가진 사람은 곧 성공한 사람이 될 수 있음을 기억하자.

시스템을 바꿔야 변화할 수 있다

만약 여러분이 지금 행복한 삶을 살고 있다는 느낌이 들지 않는다면, 인생이 지속적인 발전을 만들어내지 못하고 정체되어 있을 가능성이 높다. 매일매일 반복되는 일상에서 어제에 비해 나아지는 것은 없고, 미래에 대한 기대감보다 오히려 두려움이 크다면 행복을 느끼기 어렵다. 따라서 매일 조금이라도 나의 인생이 앞으로 나아가고 있다는 것을 느낄 수 있는 것이 중요하다. 어떻게 하면 매일 우리의 인생을 향상시켜 나갈 수 있을까?

결론부터 말하자면 방법은 너무나 간단하다. 가장 중요한 일부터 해나가면 된다. 전혀 새로운 내용이 아니라 실망스러운가? 물론 수많은 자기계발서에 언급된 내용이기도 하다. 문제는 대부분의 책들이 우리의 인생에서 중요한 일이 무엇인지에 대해 자세히 설명하고 있지 않다는 것이다. 적어도 필자가 읽어본 책들은 그랬다.

그래서 나는 중요한 일과 중요하지 않은 일을 쉽게 구분할 수 있는 한 가지 기준을 제시하고자 한다. 여러분이 한 가지 기준을 이해하고, 지금부터 중요한 일에만 소중한 시간과 에너지를 집중할 수 있다면 여러분의 인생은 매일 새로운 모습으로 바뀌어 나갈 것이다.

내가 생각하는 중요하지 않은 일은, 오늘 소중한 시간을 투자해도 미래에 별다른 영향을 끼치지 못하는 활동을 말한다. 여기서 핵심은 우리가 꼭 해야 하는 일이라고 해서 중요한 일이 아니라는 것을 이해하는 것이다. 우리 삶에는 매일매일 꼭 해야 하는 일들이 있다. 가령 잠을 잔다거나, 샤워를 한다거나, 집안일을 하는 것은 일정한 수준의 삶을 유지하는 데 꼭 필요한 활동들이다. 하지만 이런 일들은 우리의 인생을 향상시켜 주지 않는다. 따라서 이런 필수적인 활동에 소모되는 시간과 에너지를 최소화하는 습관을 만드는 것이 매우 중요하다.

그 밖에 중요하지 않은 일들은 누가 보더라도 뻔한 것들이다.

쇼핑을 한다거나, 장을 보는 시간, TV 보는 시간(교양 프로그램은 예외다), 컴퓨터 게임을 하는 데 쓰는 시간 등은 중요하지 않은 것은 물론이거니와 필수적이지도 않은 대표적인 타임 킬러(Time Killer)들이다. 이런 타임 킬러들을 우리의 인생에서 추방시키는 것은 사실 어려운 일이 아니다. 만약 여러분이 넷플릭스 드라마에 빠져 너무 많은 시간을 낭비하고 있다면, 넷플릭스 구독을 취소하면 된다. 장보기에 반나절 이상을 낭비하고 있다면, 이커머스를 통해 장보기를 대신하는 방법도 있다.

우리 아이들은 아마존이 만든 파이어라는 태블릿 PC를 사용하고 있는데, 태블릿에 설치되어 있는 게임을 즐기기 위해서는 아이들이 주중에는 1시간, 주말에는 2시간 이상의 독서를 해야만 게임 앱들이 등장한다. 그리고 1시간 동안 게임을 즐기고 나면 자동으로 게임 앱이 정지된다. 이렇게 시스템으로 접근하면, 얼마든지 중요하지 않은 일들에 인생을 낭비하는 행위를 줄여나갈 수 있다. 우리 가족은 얼마 전 영국의 캠브리지에서 말레이시아의 쿠알라룸푸르로 이주했다. 이주한 집에는 가구가 구비되어 있는데, 거실 한복판에는 대형 소파가 있다. 아주 편안한 이 소파를 우리 가족은 거의 사용하지 않는다. 그 이유는 우리 가족은 소파에 앉아 시간을 보내는 습관이 없기 때문이다.

영국에서 거주했던 5년 동안 우리는 거실에 소파 대신 가족 모두가 앉아서 책을 읽거나 공부를 할 수 있는 대형 책상을 설치했다. Couch(소파)가 없으면 Couch Potato(소파족: 하루종일 소파에 앉아 TV를 보며 소일하는 게으른 사람들)가 만들어질 수 없다는 믿음 때문이었다. 가끔씩, 아이들이 지나치게 스마트폰과 시간을 많이 보내는 것이 걱정이라는 부모들의 푸념을 들을 때가 있다. 자기 절제력이 부족한 초등학생 때부터 스마트폰을 쥐어주면서 스마트폰과 시간을 보내고 있는 아이들을 탓하는 것은 앞뒤가 맞지 않는다. 스마트폰이 없으면, 아이들은 자연스럽게 다른 소일거리를 찾는다. 시스템이 우리의 습관을 형성한다는 것을 꼭 기억할 필요가 있다.

또 하나, 사람을 만나는 데 사용하는 시간도 가급적 줄여나가는 것이 좋다. 정말 많은 사람들이 네트워킹이라는 그럴싸한 이유로 밤마다 술자리나 회식, 모임 등을 전전한다. 나는 네트워킹의 가치나 효과에 대해 매우 회의적인 사람이다. 적어도 지금까지 내가 경험해 온 인간관계는 간단한 원리로 작동하고 있었다. 나의 존재 가치를 지속적으로 높여가면서 타인들에게 도움이 될 만한 능력과 사회적 역할을 맡게 되면, 사람들이 저절로 찾아오게 되어있다. 나중에는 너무 많은 사람들이 접근해서, 사람을 가려 사귀는 게 힘들 정도에까지 이르게 된다. 물론 내가 보유하고 있는 타이틀이나 영향력이 사라지게 되면, 그들은 바로 고개를 돌린다. 이렇게 당신의 타이틀과 사회적 영향력을 따라 움직이는 불나방 같은 사람들을 위해, 그런 사람들과 함께 당신의 소중한 시간을 낭비하고 싶은가?

그 시간에 소중한 가족들과 저녁을 함께하며 서로의 하루를 공유하는 것이 훨씬 더 의미 있지 않을까?

앞에서 열거한 많은 일들은 오늘 열심히 시간과 에너지를 쏟아부어도 내일 우리의 인생이 나아지는 데 그 기여도가 거의 전무한 것들이다. 우리의 하루는 24시간이라는 수치로 한정되어 있기 때문에, 중요한 일에 집중하기 위해서는 중요하지 않은 일에 낭비되는 시간을 줄이는 것이 급선무다. 나는 인류가 만들어낸 수많은 발명품 중에 최고의 히트작 중 하나가 세탁기라고 생각한다.

내가 초등학교 다니던 시절에 대중적으로 인기를 얻기 시작한 세탁기는 주부에게 2~3시간의 여가 시간을 선사해 주면서, 주부들의 삶의 질을 향상시키는 것은 물론 여성들의 지위까지 향상시킨 이 시대 최고의 기술이다. 하루에 3번이나 준비해야 하는 식사나, 그 뒤에 따라오는 설거지, 치워도 끝이 없는 집안 청소도 마찬가지다. 식기 세척기나 로봇 청소기에 투자하는 돈을 아까워해서는 안 된다. 우리에게 추가적인 시간과 에너지를 안겨줄 수 있는 곳에는 돈을 아끼지 않아야 돈을 벌 시간과 에너지가 확보되고, 우리의 인생을 향상시킬 수 있는 발판이 마련된다.

일단 이렇게 시스템적인 접근과 기술의 도움을 받아 시간과 에너지에 여유가 생기게 되면, 이제 우리의 미래에 플러스 요인으로 작용할 수 있는 중요한 일을 해야 할 차례다. 중요한 일이란 도대체 무엇일까? 이 역시 너무 뻔하다. 운동을 한다든지, 책을 읽는다든지, 유튜브를 통해 '세바시'나 TED 영상을 시청한다든지, 새로운 언어나 인공지능 소프트웨어를 배우는 모든 활동들이 여기에 속한다. 다시 말해, 우리의 능력이나 기술, 본질적인 가치를 업그레이드해 주는 모든 행위들이 여기에 포함된다. 물론, 사랑하는 가족과 여가 생활을 한다든지, 휴가를 함께 즐기는 것 역시도 나의 미래에 긍정적인 영향을 미칠 수 있는 삶의 중요한 부분이다. 얼마나 많은 사람들이 자녀나 배우자와의 불화로 시간과 에너지를 낭비하고, 고독하고 불행한 인생을 살아가는지 생각해 보면 쉽게 이해할 수 있다.

다가오는 미래에는, 이렇게 중요한 일들에 누가 더 집중할 수 있느냐에 따라, 개개인의 성공이 좌우되는 시대가 올 것이다. 지금도 별반 차이는 없지만, 과거에는 특히 빈부 격차에서 비롯되는 교육의 격차가 인생을 지배했다. 하지만, 앞으로 펼쳐질 세상에서는 인공지능과 메타버스로 이어지는 기술의 진보로 인해 정보나 지식의 불균형은 거의 사라질 것이 분명하다.

누구나 원하기만 하면 전 세계 최고 전문가들의 지식을 질문 하나로 습득할 수 있고, 또 인공지능을 탑재한 스마트기기 등을 통해 원하는 정보와 지식, 기술을 실시간으로 활용할 수 있게 내 몸에 장착하는 시대가 도래할 것이다. 따라서 지금부터는 누가 더 효율적으로 제한적인 에너지와 시간을 활용해, 널려있는 정보와 지식, 기술들을 필터링하고 활용하느냐가 중요하다. 여러분이 슬슬 넷플릭스 구독을 정리하고, 거실의 소파를 없애버릴 마음의 준비를 하길 바란다.

내 탓이 아니다!

삶은 결코 만만치 않다. 살다 보면 매우 치밀한 계획과 충분한 노력이 있었음에도 불구하고, 좋지 않은 결과에 직면하는 경우가 생기기 마련이다. 사람은 실패라는 결과물을 맞이했을 때 본능적으로 그 이유를 분석하기 마련인데, 이 과정에서 성공하는 습관을 가진 사람과 실패하는 습관을 가진 사람은 전혀 다른 결론에 도달하게 된다.

평소에 많은 실패를 반복해 오면서 실패라는 결과물에 익숙해진 사람은 실패의 이유를 자연스럽게 자신에게서 찾는다. 자신이 무엇을 잘못했는지 찾아내고, 반성하거나 후회한다. 실패의 이유가 외부에서 기인한 것이 확실해 보인다 해도 "나는 왜 이렇게 운이 없을까?"라고 자문하며 어떻게든 실패의 원인을 자신에게서 찾는다. 이렇게 부정적인 경험이 반복되다 보면 자신에 대한 확신은 사라지고 자존감은 떨어질 수밖에 없다. 이런 식으로 자기 자신을 믿지 못하고 존중하지 못하는 사람은 결코 행복해질 수 없다.

반면 성공 습관을 가지고 있는 사람은 간혹 실패라는 결과를 마주하게 되더라도 실패를 의외의 결과물로 인식한다. 실패라는 결과에 익숙하지 않기 때문에, 아주 자연스럽게 실패의 이유를 자기 자신이 아닌 외부에서 찾으려고 한다. 결과적으로 커다란 실패를 경험하게 되어도 자신에 대한 믿음이나 자존감에는 상처를 주지 않으면서 자신을 보호하게 된다. 그래서 실패 이후에도 새로운 도전이나 과제가 찾아왔을 때, 겁먹지 않고 자신 있게 도전할 수 있는 에너지를 유지할 수 있는 것이다.

되돌아보면 내 삶에도 '대실패'로 생각되는 순간들이 있었다. 1997년 IMF 사태로 한국에서 취업이 어려웠을 때도 그랬고, 2008년 전 세계 경제를 뒤흔들었던 '서브 프라임 모기지 사태'로 인해 난생 처음 '정리해고'라는 수모를 당했을 때도 마찬가지였다. 2020년 코로나 바이러스의 악몽으로 인해 스스로 월급을 80%나 삭감했을 때도 다를 것이 없었다. 이런 일들은 바라보는 관점에 따라 엄청난 위기가 될 수도 있고, 정말 재수 없는 인생(?)이라고 생각하기에 충분한 사건들이었다. 하지만, 이런 사건들은 내 기억에서 실패나 불운으로 남아있지 않다. 나는 이런 악재들이 찾아왔을 때도 나의 능력을 탓하거나 운이 없다고 생각하지 않았다. 그래서인지 나 자신을 자책하거나 연민하는 대신, 새로운 돌파구를 찾는 데 에너지와 시간을 집중할 수 있었다. 물론 쉽지 않은 시간이었지만, 잘 해결할 수 있다고 스스로를 믿었기에 좌절하거나 심리적으로 심하게 흔들리지 않을 수 있었다.

결과적으로, 그 위기들은 오히려 나의 인생을 업그레이드하는 기회가 되었다. 'IMF 위기'가 많은 한국인들을 좌절시켰을 때, 나는 한국이라는 작은 무대를 떠나 미국과 영국에서 직장 생활을 시작할 수 있었다. 또 '서브 프라임 모기지 사태'로 하루아침에 실업자로 전락되었을 때도, 나는 해고 덕분에 프랑스 계열의 아코르 호텔 그룹에 입사해서 총지배인 자리까지 오를 수 있는 기회를 얻었다. 가장 최근에는, 고마운(?) 코로나 바이러스로 인해 운영하는 호텔이 문을 닫는 바람에 나는 36만 명의 구독자와 함께하는 인플루언서라는 이름의 새로운 인생을 살고 있다.

그래서 나는 확신한다. 앞으로도 나의 인생에는 100% 성공만이 함께할 것이란 걸 말이다. 항상 좋은 일만 있을 것이라는 근거 없는 기대가 아니다. 언제나 그랬던 것처럼, 시련은 우리들 인생에 계속해서 찾아올 것이다. 또 다른 바이러스가 출현할 테고, 몇 년에 한 번씩 경제 위기가 찾아올 테고, 세계 곳곳에서는 전쟁이 발발할 것이다. 이런 일들은 우리가 어떻게 해볼 수 있는 문제가 아니다. 하지만 이런 시련이 찾아왔을 때, 어떤 모습으로 대처할 것인가는 자신의 선택임을 기억해야 한다. 내 잘못도 아닌 일에 기죽고 좌절할 것인가, 아니면 자신을 믿고 새로운 도전을 시작할 것인가. 지금 힘든 시기를 보내고 있다면, 힘차게 외쳐보라. "내 탓이 아니다!"라고. 완전히 포기할 때까지 실패는 존재하지 않는다.

행복은 하루살이?

열 살이 되기도 전부터 너무나 궁금했던 점이 하나 있었다. '도대체 나는 왜 태어났을까?' 이 세상에 태어난 것을 축복으로 생각해야 할지, 아니면 지지리 복이 없어 이 세상에 태어난 것인지에 대한 고민을 자주 했었다. 어린 내 눈에 비친 세상은 마냥 어려워 보였다. 그래서 애초에 태어나지 않았다면 그 어려움들을 상대할 필요도 없고 슬픔이나 고통도 없을 텐데, 라는 아쉬움을 느꼈다. 열 살도 되지 않은 아이가 무슨 그런 생각을 했을까 의문이 드는 독자도 있겠지만, 나는 초등학교 2학년 때 산울림의 '청춘'이라는 노래를 들을 때마다 인생이 덧없이 느껴져 눈물을 흘릴 정도로 감수성이 풍부했던 아이였다.

나는 어렸을 때부터 '행복'에 관심이 많았다. 아주 어렸을 때부터 행복에 대해 생각하고, 고민하고, 공부했다. 그래서 행복에 대한 정의를 세우게 되었고, 행복한 인생을 살아가기 위한 일종의 전략 같은 것도 개발하게 되었다. 결론부터 말하면, 나는 행복이 모든 사람에게 인생의 목적이 되어야 한다고 굳게 믿고 있다. 왜냐하면 인생에는 언제나 선택이 존재하기 때문이다. 우리가 하루하루 살아가는 것도 따지고 보면, 우리가 삶을 연장하기로 매일같이 결정을 해왔기 때문에 가능한 것이다. 만약 인생에 행복이나 즐거움은 전혀 존재하지 않고, 온갖 부정적인 것들이 우리의 인생을 점령해 버렸다면, 굳이 그 어렵고 재미없는 삶을 이어나갈 이유나 의미가 있을까? 그래서 우리는 행복해야만 한다. 쉽지 않은 인생이라는 여정을 지속하기 위해서는 그럴 만한 이유가 반드시 있어야 하기 때문이다.

그렇다면, 어떻게 해야 행복해질 수 있을까? 삶을 행복하게 만들기 위해서는 일단 행복이 무엇인지부터 이해해야 하는데, 내가 볼 때 적어도 한 가지는 확실하다. 행복은 '감정'이다. 행복이 슬픔이나 두려움, 외로움, 괴로움처럼 하나의 감정이라는 것을 이해하는 것은 우리의 목표인 행복한 인생을 만들어나가는 데 매우 중요하다. 왜냐하면, 이 모든 감정들은 하나의 공통점을 가지고 있기 때문이다. 바로 모든 감정은 '상태'가 아닌 '자극'에 의해 만들어진다는 것이다.

누구나 한 번쯤은 세상을 다 가진 듯한 행복을 느껴본 경험이 있을 것이다. 난생 처음 핸드폰을 가졌거나, 생애 첫 번째 자동차를 샀거나, 처음으로 취직을 했다거나, 처음으로(?) 결혼을 하는 등의 커다란 이벤트가 발생하게 되면, 우리는 그 행복이 영원할 것만 같다는 착각에 빠지게 된다. 하지만, 여기서 감정의 두 번째 특성이 등장한다. '감정은 영원히 지속될 수 없다'는 함정이다.

생애 최고의 행복을 선물해 준 커다란 이벤트였다 할지라도, 거기서 만들어진 자극이 반복적이고 계속해서 더 강렬해지지 않는다면, 그 자극으로 인해 만들어진 행복은 곧 사라지게 된다. 아무리 새롭고 강렬한 자극이라도 얼마 지나지 않아 내 삶의 일부로 바뀌어버리기 때문이다. 그래서 우리는 더 이상 지난 생일 선물로 받은 핸드폰 때문에, 작년에 새로 뽑은 차 때문에, 난생 처음으로 취직한 직장 때문에 행복해하지 않는다. 심지어는 한때 세상과 바꿀 수 없을 만큼 사랑했던 사람과 함께 살고 있으면서도, 남편이나 아내 때문에 행복해하지 않는다. 오히려 불행해 보이는 사람들이 많다.

2015년 2월, 나는 인도네시아의 풀만 호텔 부총지배인에서 총지배인으로 승진했다. 내가 연도는 물론이고 어떤 달이었는지도 기억하는 이유는 자명하다. 그 사건이 내 생애 최고의 순간 중 하나였기 때문이다. 2000년 전화교환수로 시작해서 레스토랑 웨이터, 야간 리셉션니스트 등 호텔에서 가장 힘든 일들을 하면서 호텔리어라는 명찰을 달았던 아시아계의 평직원이 글로벌 호텔 체인의 총지배인이라는 이름을 달게 되었으니, 얼마나 감회가 새로웠겠는가? 총지배인 임명 소식을 들은 날, 나는 아내와 부둥켜안고 눈물을 흘렸다. 고단한 호텔리어의 삶을 곁에서 지켜보고, 함께 경험하고, 끊임없이 응원해준 사람이 바로 아내였기에, 그 벅찬 행복의 감정을 우리 부부는 함께 공유할 수 있었다.

하지만, 눈물까지 흘리게 만들었던 그 커다란 자극은 생각보다 오래가지 못했다. 처음 며칠, 몇 주까지는 아침에 일어날 때마다 세상을 다 가진 듯한 행복감에 도취되어 있었다. 몇 달이 지나자 더 이상 총지배인이라는 타이틀이 새롭게 느껴지지 않았다. 마치 처음부터 총지배인이라는 명함을 들고 태어난 사람처럼 그것이 가져다주는 많은 권위와 혜택들이 너무도 자연스럽게 느껴졌다. 그땐 이미 총지배인이라는 이름이 더 이상 자극이 아닌 상태가 되어있었던 것이다.

모르긴 해도 다른 직업도 마찬가지일 것이다. 그래서 많은 사람들에게 선망의 대상이 되는 직업을 가지고 있다고 해서, 그들이 행복한 삶을 살고 있을 것이라고 생각한다면 큰 오산이다. 매일 아침 눈을 뜨며, "나는 대기업 임원이야!", "나는 의사야!", "나는 변호

사야!", "나는 국회의원이야"라며 행복을 느끼는 사람은 존재할 수 없기 때문이다.

경제적인 부도 마찬가지다. 돈을 얼마나 많이 가지고 있느냐가 우리의 삶을 행복하게 만들어주진 않는다. 엄청난 부를 소유하고 있더라도 그 돈이 나의 일부가 되어버리는 순간, 돈은 자극이 아닌 나의 상태가 된다. 내 경험에 비추어봐도, 200만 원도 되지 않던 월급이 300만 원으로 올라갔을 때 가장 많은 성취감과 행복을 느꼈던 것으로 기억한다. 겨우 100만 원 정도가 늘었을 뿐이었지만, 당시 내게는 엄청난 강도의 자극이었다. 하지만, 억대 연봉을 받는 사람이 수입이 정체하거나 감소한다면 '억' 소리 나는 돈을 벌면서도 실망감이나 불안감을 느끼게 될 것이다. 이것이 인간의 감정이다.

대형 유튜브 채널을 운영하다 보면 부가적인 수입 창출의 기회가 찾아온다. 여러 가지 브랜드의 홍보 영상 의뢰는 말할 것도 없고, 출판사에서는 작가로 데뷔시켜 주겠다고 연락해 오고, 멤버십이나 온라인 강의를 함께 만들자는 제안도 받게 된다. 그러다 보니, 유튜버의 수입은 기간에 따라 천차만별인 경우가 많다. 가끔 수입이 몇 억에 이르는 달이 있는데, 그렇게 많은 돈을 벌다가 갑자기 수입이 2,000만~3,000만 원으로 줄어들게 되면 나도 모르는 사이에 아쉬운 감정을 느끼게 된다. 월에 수천만 원을 벌면서도 행복이 느껴지지 않는 희한한 경험이었다.

이렇게 행복은 하루살이다. 어제 느꼈던 행복의 감정이 오늘까지 이어지리라 기대하지 말자. 그래도 괜찮다. 오늘은 오늘의 행복을 새롭게 만들면 되니까. 그래서 인생은 결과가 아닌 과정이 중요하다. 오늘도 한 발자국씩 전진하면서 새로운 자극을 만들어낼 수 있는 도전하는 삶을 살아가자.

언어는 선택지를 늘리는 힘이 된다

요즘 '7포 세대'라는 말이 유행이다. 그 일곱 가지를 다 기억하기도 어려울 만큼, 요즘 세대는 너무 많은 것을 포기하는 것 같다. 하지만 영어만은 포기하지 않았으면 한다. 영어 공부는 대기업에 취업하거나 공무원 시험에 합격하기 위해서 하는 것이 아니다. 우리가 남들보다 기술이나 능력을 하나 더 가지고 있다는 것은, 인생에 기회와 선택 옵션이 늘어날 수 있다는 의미다. 영어를 제대로 구사하는 사람과 그렇지 못한 사람 사이에는 인생이 가져다주는 기회의

측면에서, 그리고 살아가면서 만들 수 있는 선택 가능한 옵션의 다양성 측면에서 엄청난 차이가 발생할 수 있다. 가장 단편적인 예로 거주지를 들 수 있다. 자기가 선택하지도 않은 한국에서 태어나서 평생을 살아간다. 세계 지도를 펴놓고 보면 잘 보이지도 않을 정도로 작은 한반도에 평생을 갇혀 살면서도, 그게 이상한 것인지 모르는 사람이 참 많다.

인생에는 선택이 가능한 부분과 그렇지 못한 부분이 상존한다. 성별, 부모와 형제, 출생지, 외모 같은 것은 선택할 수 없다. 이런 것을 제외한 대부분은 우리의 의지와 선택에 의해 얼마든지 변화시키거나 향상시킬 수 있다. 하지만 상당히 많은 사람들이, 언어를 노력에 따라 얼마든지 추가할 수 있는 하나의 기술이라는 점을 인지하지 못하고 너무나 쉽게 영어 사용의 혜택을 포기하는 것 같아 안타깝다.

단 한 번뿐인 소중한 인생을, 평생 같은 장소에서 소모하고 싶은가? 매일 똑같은 사람을 만나고 똑같은 일을 반복하면서 살아가고 싶은가? 잠시 전력 질주를 멈추고 자신에게 물어볼 필요가 있는 중요한 질문이다. 언어라는 제한이 사라지면 내가 살아갈 곳을 직접 결정할 수 있을 뿐만 아니라, 직업을 결정할 때도 선택의 폭이 넓어진다.

내가 IMF로 경제가 어려워진 한국을 떠나 미국과 영국에서 커리어를 계발할 수 있었던 이유는 영어라는 장애물이 남들에 비해 조금은 더 낮았기 때문이다. 영어를 구사할 수 있다는 장점 하나 때문에, 나는 지난 25년간 총 6개 국가, 그리고 9개의 도시에서 살아갈 수 있었다. 2025년 8월에 이주해온 말레이시아의 쿠알라룸푸르가 딱 10번째 도시다. 우리 부부는 아이들이 대학에 진학하고 나면, 다음 정착지로는 최근 몇 년간 거주지 선정에서 가장 중요한 요소였던 교육 인프라는 완전히 배제하고 따뜻한 날씨와 편리한 인프라, 그리고 저렴한 물가를 누릴 수 있는 나라와 도시를 선택할 생각이다. 인생의 각 단계에 따라 가장 적합한 곳을 찾아다니며 삶을 영위하고 있는 것이다.

이렇게 영어라는 언어를 정복하게 되면, 단순히 한 가지 언어를 더 사용할 수 있다는 의미를 넘어 인생의 범위가 넓어지고 한계점이 사라진다. 그래서 죽기 살기로 덤벼볼 만한 가치가 있다. 그런 의미에서 나라는 사람은 여러분이 영어를 정복하는 데 필요한 조언을 해주기에 아주 적합한 사람이라고 생각한다.

세상에는 영어 정복에 대한 많은 팁과 조언이 존재한다. 많은 조언자들은 각자가 터득한 영어 정복의 비결을 다른 사람들과 공유하고 있는데, 여기서 문제는 사람들마다 언어적인 능력과 소질이 다르고, 영어 능력 향상을 위해 투자할 수 있는 금전적인 능력에도 차이가 있다는 점이다. 다시 말해, 특정인에게는 좋은 효과를 냈던 방법이 다른 사람들에게는 별 다른 도움을 주지 못할 가능성이 많고, 또 아무리 좋은 방법이라 해도 그대로 따라 하기에는 경제적인 여건이나 시간 등 여러 가지 상황들이 뒷받침되지 않는 경우도 생긴다는 것이다.

나는 내가 발견한 영어 실력 향상법을 자신 있게 공유할 수 있다. 많은 사람들이 나처럼 효과를 볼 수 있다는 확신이 있기 때문이다. 이렇게 확신하는 이유는 범상치 않은(?) 나의 암기력 때문이다. 나는 선천적으로 암기력이 좋지 않다. 어느 정도냐면, 아내의 전화번호는 물론 지금 몰고 다니는 자동차의 번호판도 잘 생각나지 않는다. 심지어는, 거주지를 옮길 때마다 집 주소를 외우는 데도 몇 개월이 걸렸다. 호텔리어에서 은퇴하기 전까지 인도네시아에서 8년이나 거주했지만, 나는 저주받은 기억력(?) 때문에 인도네시아어도 제대로 하지 못했다. 웬만한 생활회화를 하는 데 문제가 없었던 아내와 비교가 되었다. 이 정도로 언어에 대한 소질이 없는 나이기에, 내가 사용한 영어 정복법은 만인에게 도움이 될 것이라고 확신한다.

처음에는 나 역시도 누가 좋더라 하는 모든 방법을 동원했었다. 대학 3~4학년 때는 모든 교양 수업을 영어 수업으로 대체했었다. 얼마나 영어 수업을 많이 들어갔으면, 영어 교육학과 학생이 나를 복학생 선배로 착각할 정도였다. 동시에, 서울 종로에 있는 유명 회화 학원도 다녔다. 매일 소규모 그룹을 만들어 이런저런 토픽에 대해 영어로 대화를 나누는 수업이었는데, 지금 생각해 보면 그런 곳에 왜 그렇게 많은 돈을 낭비했는지 이해할 수 없다. 회화 학원을 열심히 다녀도 별다른 진척이 없자, 이번에는 민병철, 오성식 생활 영어 등 카세트테이프로 된 영어 강좌를 하루 종일 틀어놓고 다녔다. 한동안은 〈프렌즈〉 같은 미국 드라마를 수십 번 이상 반복 시청하기도 하고, CNN 뉴스를 열심히 보기도 했다. 영어로 밥벌이를 하기 위해 경주했던 노력은 그뿐만이 아니다. 몇 달 정도는 팝송 수십 곡을 외우면서 공부한 적도 있었고, 아주 잠깐이지만 통역대학원 준비반에 들어가 수준이 맞지 않아 따라갈 수도 없는 수업을 몇 개월간 수강한 적도 있다. 하지만, 그 어떤 방법도 20대 중후반인 내가 영어를 정복할 수 있게 도와주지 못했다.

이런저런 방법을 통해 영어 실력을 향상시키려고 노력했지만 미미한 성과로 상심하던 시기에, 나는 아주 우연한 기회에 영어 정복의 비결을 발견하게 되었다. 유명했던 영어 강사 중에 나와 이름이 같은 '정철' 선생님이 있었다. 하루는 서점에서 정철 선생님이 쓴 책을 읽다가 다음과 같은 구절을 발견했다. '영어 네이티브 스피커가 1분 동안 평균 속도로 말하면 대략 130단어를 말하게 된다. 따라서 우리가 1분 동안 눈으로 읽어 이해할 수 있는 단어의 수가 130단어 이상이 되지 않으면 들리지 않는다.' 이 얼마나 당연한 논리인가? 눈으로 읽고도 이해할 수 없는 영어를 어떻게 들어서 이해하겠는가 말이다.

따라서 우리가 영어로 소통할 수 있을 만큼 실력을 향상시키는 방법은 하나였다. 바로 원어민이 말하는 속도보다 더 빠르게 영어를 읽고 이해할 수 있을 때까지 읽기를 반복하는 것이다. 영어권 사람들이 1~2분이면 말할 수 있는 분량의 문장을 해석하는 데 5~10분이 걸려서는 그들이 하는 말을 알아들을 수 있는 방법이 없다는 당연한 이치인데, 그 오랜 시간 영어와 싸워오면서 단 한 번도 이런 생각을 해본 적이 없다는 사실이 어이없을 정도였다.

결론적으로, 내가 자신 있게 추천할 수 있는 영어 실력 향상의 비결은 당장 회화 공부를 때려치우고 영어책을 반복해서 읽으라는 것이다. 여기서 중요한 팁이 한 가지 더 있는데, 이 책 저 책 많이 읽어서는 효과가 없다. 정말 잘 쓴 영어책 한 권을 선정해서 최소 열 번 이상 반복해서 읽어나가는 것이 중요하다. 그 이유는 조금 있다가 설명하겠다. 영어 실력 향상을 위해 내가 선택한 책은《The 7 Habits of Highly Effective People(성공하는 사람들의 7가지 습관)》이라는 자기계발서였다. 처음에는 책을 읽는 데 꼬박 6개월이 걸렸다. 아무래도 처음이라 모르는 단어가 많고 내용도 생소하기 때문에, 하루에 2페이지밖에 읽지 못했다. 하지만 두 번째로 책을 읽을 때는 속도가 배로 붙었다. 3개월 정도 지나니, 350페이지가 넘는 영어책을 한 번에 읽어낼 수 있었다. 그 이후에는 속도가 기하급수적으로 빨라졌다. 정확하게 기억나지는 않지만, 세 번째 읽을 때는 한 달 정도, 다섯 번째 읽을 때는 딱 일주일 정도가 필요했던 것 같다. 그 책을 열 번째 읽을 때는 3시간이 조금 더 걸렸다. 지금까지 그 책은 적어도 열다섯 번 정도 읽은 것 같다.

한 권의 책을 열 번 이상 읽으면, 저자가 자주 사용하는 단어는 수천 번, 그 저자가 자주 사용하는 관용구나 표현 등은 수백 번 이상 반복해서 만나게 되기 때문에 아주 자연스럽게 저자가 구사하는 영어 표현을 습득하게 되고, 결국에는 저자가 이야기하는 것처럼 말하고 쓸 수 있게 된다. 한 가지 주의할 점이 있는데, 되도록이면 여러분의 인생에 도움이 될 만한 좋은 내용의 책을 골라야 한다는 것이다. 한 사람의 가치관이나 사상, 삶을 바라보는 시각은 타고난 것이 아니라 학습된 것이라는 게 나의 생각이다. 따라서 하나의 책을 수십 번 반복해서 읽다 보면, 저자가 가지고 있는 삶의 가치와 세상을 바라보는 관점을 나도 모르게 받아들이고 그 사람처럼 생각하게 된다. 즉, 같은 책을 반복해서 읽으면 우리의 사고방식과 삶의 철학까지 바뀔 수 있다.

그런 면에서 나는 아주 운이 좋았다. 많은 고민 없이 선택했던 《성공하는 사람들의 7가지 습관》의 내용이 너무나 훌륭했던 것이다. 나중에 알았지만, 이 책은 많은 리더십 교육기관에서 교재로 삼을 정도로 뛰어난 인생의 인사이트를 전해주고 있었다. 이 책은 지금까지도 내가 인생을 살아가면서 길을 잃지 않도록 선명한 방향을 제시해 주고, 인생의 기로에서 맞이하는 수많은 선택의 순간에 현명한 길을 가게 해주는 '인생의 사용 설명서' 같은 존재가 되었다. 나는 2년이 되지 않는 시간 동안 《성공하는 사람들의 7가지 습관》

'그래도'를 외치며 정면 돌파할 수 있을 때,
인생은 우리가 원하는 대로 흘러간다.

을 열 번 읽었다. 나의 영어 정복 프로젝트가 마무리되는 시점에는 이미 미국에서 첫 번째 직장(하얏트 호텔)에 성공적으로 취업한 이후였다.

영어 공부는 남들 앞에서 유창하게 말하고 지적으로 보이기 위해 하는 것이 아니다. 즉, 영어 정복 자체가 중요한 것이 아니라는 것이다. 언어는 도구에 불과하지만, 이 도구를 어떻게 사용하느냐에 따라 인생에 훨씬 더 넓은 세상과 가능성을 만날 수 있다는 점에서, 이 책을 읽고 있는 많은 독자들이 지금이라도 영어 실력 향상을 위해 노력했으면 한다. 앞으로 우리 세대를 비롯한 다음 세대는 100년 이상을 살아갈 텐데, 100년이 넘는 긴 인생을 내가 선택하지도 않은 장소에서, 단 하나의 언어만 사용하면서 살아가기엔 좀 억울하지 않은가?

행복의 기준은 절대값이 아니라, 성장의 멀티플에서 나온다

마음 가는 대로 살아가는 인생을 추구하다 보니, 자연스럽게 여기저기 옮겨 다니는 삶을 살게 되었다. 나는 지금까지 총 6개 국가 및 9개 도시에서 1년 이상 거주해 왔는데, 그중에 한 번은 한국으로 역이민을 오기도 했었다.

나는 30대 시절의 대부분을 영국 런던에서 보냈다. 사실 영국행 비행기를 처음 탔을 때만 해도 영국에서 그렇게까지 오랜 시간을 보낼 것이라고 상상도 하지 못했다. 처음에는 1년간 거주했던 미국에서 비자 문제로 더 이상 거주할 수 없게 되어 런던을 선택했다. 런던에 있는 호텔 학교의 교과과정 중 1년짜리 인턴십 프로그램이 있다는 것에 흥미를 느껴 학생 신분으로 영국 땅을 밟았다.

영국에 도착해서 처음 몇 달간은 정말 놀란 점이 많았다. 정말 이곳이 세계 최강대국 중 하나인 곳이 맞나 싶을 정도로 열악한 사회 인프라와 삶의 질 때문에 엄청나게 실망한 기억이 난다. 게다가 생활비는 또 얼마나 비싸던지, 공용 화장실과 부엌을 쓰는 서너 평 정도의 단칸방 월세는 20년 전인데도 50만 원이 넘었다. 생활비를 벌기 위해 학교 수업을 마치고 저녁 6시부터 10시까지 메리어트 호텔에서 웨이터로 일했는데, 아무리 열심히 일하고 아껴 써도 은행 잔고가 200만 원을 넘어가기가 어려웠다. 그뿐인가, 영국의 날씨는 긍정의 아이콘이었던 나의 성격까지도 바꿔버렸다. 특히 런던에는 비가 너무 자주 왔다. 섬나라인 데다가 일 년 중 맑은 날보다 흐린 날이 훨씬 더 많다 보니 햇빛에서 얻을 수 있는 기운과 에너지를 받을 기회가 부족해지는 듯했다.

아무튼 고진감래라고 했던가. 영국에서의 비참한 생활도 조금씩 익숙해지더니 결국 영국에서 일할 수 있는 비자를 받게 되었고, 호텔 학교 후배였던 아내를 만나 2004년에 결혼을 했다. 그 후 2009년 한국행 비행기를 타기 전까지 8년이 넘는 세월을 영국에서 보냈다.

우리 부부는 2007년 런던 외곽에 작은 집을 장만했는데, 호텔리어 부부가 어떻게 결혼 3년 차에 집을 살 수 있었는지 그 비결을 살짝 공개하겠다. 2007년 당시 나는 런던의 리츠 호텔에서 야간 당직 지배인을 하고 있었다. 매니저 포지션이기는 했지만, 연봉이 2만 파운드 정도에 불과했기 때문에 세금을 제하고 받는 월급은 300만 원도 되지 않았다. 아내의 월급도 크게 나을 것이 없었다. 그때 아내는 런던의 5성급 호텔에서 바텐더를 하고 있었는데, 팁을 두둑히 받아 나보다는 약간 더 수입이 나은 정도였다. 이렇게 둘이 합쳐서 버는 돈이 600만 원도 되지 않는 상황에서 우리 부부는 어떻게 세계적으로 물가가 비싼 런던에서 하우스 오너가 될 수 있었던 것일까?

그 비결은 '서브 렌팅'이다. 우리는 결혼 후 레이톤(Leyton)이라는 지역에서 방이 여섯 개나 되는 3층짜리 집을 월세로 구했다. 그곳은 런던에서 비교적 저렴한 지역이라, 200만 원도 되지 않는 월세로 커다란 하우스를 렌트할 수 있었다. 우리는 방 6개 중에서 가장 작은 방 하나만 사용하고, 나머지 5개는 월세를 받고 서브 렌팅을 했다. 당시 런던에는 어학연수를 온 한국 대학생들이 매우 많았기 때문에 하우스 셰어를 할 사람은 쉽게 찾을 수 있었다. 그 당시 런던의 인기 지역에서 작은 방 하나를 빌리는 데 100만 원 가까이 했지만, 우리 집 월세는 60만 원 수준이었다. 그래서 방 5개로 월 300만 원 정도를 벌 수 있었고, 우리는 매달 월세를 내는 대신 100만 원 정도의 불로 소득을 올릴 수 있었던 것이다. 우리 부부는 이런 방식으로 살인적인 물가를 자랑하는 런던에 거주하면서도 월 400만~500만 원 정도를 저축할 수 있었다. 이런 식으로 몇 년간 짠돌이, 짠순이 생활을 즐겼다. 그렇게 몇 년이 지난 후에는 주택 구입에 필요한 보증금을 마련할 수 있었고, 결혼식을 올린 지 3년 반이 지난 2007년 가을에는 우리 명의로 된 집을 가질 수 있게 되었다.

물론 그 과정이 쉽지만은 않았다. 가령, 우리 부부가 사용하던 방에는 더블 침대가 없었다. 방이 너무 작아서 더블 침대를 넣을 만한 공간이 없었기 때문이었다. 뭐 그렇게 궁상을 떨어가며 돈을 모았냐고 조롱하는 사람도 있겠지만, 신혼이었던 우리 부부로서는 작은 싱글 침대에서 살을 맞대며 잠들던 시간들이 꽤나 로맨틱하게 느껴졌고, 지금도 좋은 추억으로 남아있다.

한국의 출생률이 전 세계 꼴찌라는 사실은 이제 더 이상 새삼스러운 일도 아니다. 영국 옥스퍼드 대학의 인구문제연구소는 지구 상에서 가장 먼저 사라질 국가로 한국을 꼽았다고 하니, 보통 문제가 아닌 것 같다. 간혹 유튜브를 통해 결혼과 출산, 육아에 관련된 영상들을 살펴보면, 터무니없이 높은 집값 등으로 집 하나 가지지 못하고 초라하게 사느니 아예 결혼하지 않고, 아이도 낳지 않고 싱글라이프를 즐기는 것이 현명하다는 목소리가 많이 들린다. 우리 때는 그나마 열심히 공부해서 좋은 대학을 나오면 인생 역전이 가능하다는 희망이라도 있었건만, 후배 세대들은 미래에 대한 희망까지도 잃어버린 것 같아 가슴이 아프다. 물론 현 시대를 살아가는 그들 세대의 어려움과 아픔을 X세대인 내가 완전히 이해하기는 어렵다. 하지만 인생의 즐거움과 행복은 얼마나 많은 것을 소유하고 있는가의 절대값에서 오는 것이 아니다.

더블 침대도 들어갈 수 없을 정도로 작은 단칸방에서 신혼 생활을 시작하면 어떠한가? 초라한 청춘은 그 나름대로의 매력이 있다. 솔직히 아직 인생의 전반전을 치루고 있는 사람이 지나치게 많은 부나 성공을 이루는 것은 바람직하지 못하다고 생각한다. 왜냐하면 높게 세워진 기준은 다시 조정하기 어렵기 때문이다. 그래서 초라한 시작도 나쁘지 않다. 아니, 아예 바닥에서부터 시작하는 것이 좋다. 아주 밑바닥부터 시작해야 올라갈 수 있는 곳이 많기 때문이다. 다시 말하지만, 인생의 평가 기준은 절대값이 아니다. 그보다는 누가 더 많은 성장의 멀티플을 만들어내느냐가 인생의 가치와 재미를 결정한다는 것을 꼭 기억했으면 한다.

내 인생의 선택, 남들의 승인은 필요 없다

나는 1973년도 생이다. 이제 막 50대로 접어든 나이다 보니, 소위 말하는 '꼰대'가 되어간다는 생각이 들 때가 있다. 언제부터인가 자꾸만 내 생각이나 경험을 타인과 공유(?)하고 싶어졌다. 그런 면에서 유튜버가 되어 천만다행이다. 마음 놓고 나의 생각과 의견, 경험을 공유할 수 있으니 말이다.

'꼰대'의 정의를 찾아보니 '자신의 고정관념이나 자신만의 가치관, 사고방식을 타인에게 강요하거나 권위적인 방식으로 타인을 가르치려 드는 사람'이라고 한다. 세상 어느 곳에나 꼰대는 존재하겠지만, 내 생각에 한국의 꼰대들은 한 가지 문제를 더 가지고 있다. 만약 세상의 꼰대들이 각자의 경험을 바탕으로 자신만의 가치관이나 사고방식을 말해 준다면, 젊은 세대 입장에서는 조금이라도 받아들이기가 더 쉬울 것이다. 이런저런 이야기를 들으면서 비교해 보는 재미도 있을 테고, 자기에게 필요한 조언들만 선택할 수 있으니 말이다. 그런데 안타깝게도 한국의 꼰대들은 워낙 비좁은 땅덩어리에서 비슷한 교육을 받고, 비슷한 경험을 하면서 살아오다 보니, 김 부장이나 이 차장이나 박 과장이 하는 말이 '거기서 거기'라는 문제가 있다. 그래서 다음 세대 입장에서는 '그 말이 그 말 같은' 말만 반복하고 있는 것이다.

나 역시도 내가 가지고 있는 고정관념과 가치관을 여러분과 나누고자 애쓰고 있으니 '꼰대'라는 타이틀을 뗄 순 없겠지만, 적어도 내 이야기에는 김 부장이나 이 차장이 하는 말과는 다른 점이 있을 것이라고 믿고 싶다. 누가 옳고 그른가를 떠나 적어도 내가 추구해 왔던 삶은 그들의 경험과는 다르다는 점에서, 내 이야기는 한 번쯤 들어볼 가치가 있을 것이다.

어렸을 때 나는 전형적인 모범생이었다. 부모님 말씀, 선생님 말씀을 잘 따랐고, 초등학교 저학년 때부터 학교에서 집으로 돌아오면 누가 잔소리하지 않아도 숙제는 물론이고 '다달 학습', '이달 학습', '동아전과' 같은 자습서를 정해진 진도에 맞춰서 풀었다. 심지어는 부모님이 외출할 때에는 세 살 어린 동생과 함께 집 청소까지 깨끗하게 해놓고 기다릴 정도였다. 내가 착한 아이라서 했던 행동은 아니었다. 나이에 어울리지 않게 모범적이었던 내 모습은 남들보다 훨씬 더 예민한 성격 때문에 만들어졌다. 아주 어렸을 때부터 나는 자유롭고 싶었다. 뭐든지 내 마음대로 하고 싶었고, 누구에게 지시받는 것이 죽기보다 싫었다. 싫은 소리를 조금만 들어도 상처를 받을 정도로 예민했기 때문에 부모님의 잔소리를 듣지 않기 위해 숙제도 미리 해놓고, 자습서도 시키기 전에 끝내놓고, 심지어는 집 청소까지 해놓았던 것이다. 그러고 나면, 아무도 나에게 이래라저래라 간섭하지 않는 것이 너무 좋았다.

나이를 먹은 다음에도 마음이 내키는 대로 살아가고자 하는 성격은 크게 달라지지 않았다. 단편적인 예로, 중학교 3학년 때 가장 친한 친구들과 함께 당시 최고 인기였던 대원외국어고등학교에 입학시험을 쳤다. 다행히 합격 통지서를 받았지만 친구들 대부분은 떨어지고 말았다. 그래서 나는 과감히 진학을 포기했다. 심오한 이유가 있었던 것은 아니었다. 내가 좋아하는 친구들과 같은 학교에 입학하는 것이 당시 가장 인기 있었던 사립 고등학교에 진학하는 것보다 더 좋았기 때문이다.

획일적인 모습이 강요되던 한국 사회에서 내가 다른 이들과 다소 다른 모습을 보인 것은 그때뿐만이 아니다. 고등학교 3학년 때는 수학 공부가 너무 하기 싫어서 이과에서 문과로 전과를 했는데, 그때 전교생 중에 이과에서 문과로 전과한 학생은 나 하나밖에 없었다. 대학에 진학해서도 마찬가지였다. 일단 평판이 좋은 대학에 입학해야 한다는 생각에 한양대학교 관광학과에 진학했다. 하지만 관광학과 공부가 너무 재미없었다. 사실, 그 시절만 해도 대학교 1학년 때부터 학과 공부를 열심히 하는 학생은 없었다. 대부분의 학생들이 학점을 따기 위해 간신히 출석만 하는 정도로 수업에 참여하고 있었다. 하지만 나는 그렇게 하는 것이 싫었다. 대리 출석으로 학점을 따는 것도 자존심이 허락하지 않았고, 관심도 없는 수업에 참가해 멍 때리고 있는 건 더욱 더 싫었다. 결국 나는 1년간 F학점만 7개를 받으면서 대학에서의 첫해를 마무리했다. 대신 미팅이나 소개팅은 원이 없을 정도로 많이 해봤으니 큰 미련은 없었다.

대학을 졸업한 후 외국으로 취업을 나간 학생은 나 하나였다. IMF로 인해 좋은 직장을 얻기가 너무나 어려운 상황이었지만, 대부분의 동기들은 인생 매뉴얼에 나와 있는 주류의 길을 포기하지 못하는 것처럼 보였다. 그 이후에도 내가 살아간 인생은 다른 이들과는 다른 점이 많았다. 6개나 되는 나라, 10개나 되는 도시(쿠알라룸푸르 포함)를 옮겨 다니며 살아간 것도, 양가 부모님을 만나지도 못한 상태에서 전화 통화로 결혼 승낙을 받은 것도 특이했다. 얼마 전에 호텔 총지배인이라는 완벽한 직업을 버리고 전업 유튜버가 된 것 역시도 사회 통념상 자연스러운 선택은 아니다. 하지만 지금까지 내가 만들어왔던 선택의 기준만은 확실했다. 다른 건 신경 쓰지 않고, 마음이 이끄는 대로, 내가 원하는 결정을 해온 것이다.

물론 사회 통념, 사회적 분위기, 무언의 압력, 다른 이들의 시선, 이 모든 것들을 무시하고 자신이 원하는 방식으로 살아간다는 것은 쉽지 않은 일이다. 특히, 집단적인 이익을 위해서는 개인의 희생까지 강요하는 문화가 팽배해 있는 한국에서는 적지 않은 시련을 감내해야만 가능한 삶의 방식이다. 그러한 삶의 방식을 선택하고 지금까지 걸어온 사람으로서 자신 있게 말해 줄 수 있는 것이 있다. 그렇게 살아도 아무 문제가 없다는 것이다. 세상은 우리 인생에 대해 많은 간섭을 하고 싶어 하지만, 그들 중 누구도 우리 인생을 책임져 줄 생각은 없다는 점을 기억하자. 어차피 인생은 내가 책임져야 한다. 결국 자기가 책임져야 하는 인생이라면, 마음이 이끄는 대로 살아가는 것이 논리적으로도 맞지 않을까? 눈치 볼 것 없다. 당신의 소중한 인생, 당신 마음대로 살아가라.

PART 2

일과 관계 속에서 배우고 자라나다

나는 동남아에서
어떻게 총지배인이 되었나?

한때 나는 전 세계적으로 인정받는 한국 최고의 호텔리어가 되고 싶었다. 한국인 호텔리어 하면 내 이름 두 자가 떠오를 정도로 성공적인 호텔리어가 되는 것이 내가 30대 시절 가지고 있던 커다란 야망이었다. 하지만 꿈에 그리던 총지배인이라는 직함을 달고 일하게 되면서, 나의 목표는 완전히 달라졌다. 최고의 호텔리어가 아닌, 최고의 리더가 되고 싶어진 것이다. 그 전까지는 개인적인 성취와 성공을 추구하는 단계였다면, 이제는 내가 이끌고 있는 조직은 물론이고 구성원 한 명 한 명의 성공에까지 기여할 수 있는, 차원이 다른 성공을 이루고 싶어진 것이다.

여러분 중에도 자신이 속해있는 집단에서 멋진 리더가 되고 싶은 분들이 많을 것이다. 최고의 리더는 어떻게 만들어질까? 간혹 매니저(관리자)와 리더라는 단어를 동의어로 착각하는 사람들이 있는데, 두 단어는 엄연히 다른 의미와 역할을 가지고 있다. '리더'는 리딩(Leading)을 하는 사람이다. 따라서 리딩의 대상인 팔로워(Follower)가 없다면, 그 사람에게는 리더라는 타이틀이 주어질 수 없다. 또 하나, 여기서 말하는 팔로워란 부하 직원이나 팀원과는 다른 의미로 이해해야 한다. 아무리 많은 직원이 일하고 있는 부서나 회사의 '장'이라 할지라도 그 사람을 자발적으로 팔로우(Follow)하는 사람이 없다면, 리더라는 영광의 타이틀은 주어지지 않는다. 또한 매니저와 리더는 이루고자 하는 목표는 같을 수 있어도, 그 목적을 달성하는 과정에서 담당하는 역할이 전혀 다르다. 많은 사람들이 직장에서 처음으로 매니저가 되었을 때 저지르는 가장 흔한 실수 중 하나가 매니저와 리더는 같은 것이라고 생각하고 두 가지의 다른 역할에 같은 방식으로 접근한다는 것이다.

조금 더 풀어서 설명을 해보겠다. 먼저, 매니저의 역할을 살펴보면, 매니저에게 가장 중요시되는 가치와 목표는 매출과 순이익, 그리고 목표를 달성하기 위해 필요한 생산성과 효율성의 향상 등이다. 궁극적으로 매니저는 회사에서 월급을 받는 직원으로서 그들이 받는 보수를 합리화할 수 있는 기본적인 역할에 초점을 맞출 수밖에 없다. 기업의 이익을 극대화시키는 것이 그들의 가장 큰 역할인 것이다. 다시 말해, 최소한의 비용, 시간, 인력을 이용해 최고의 실적을 올리면서 조직의 생산성과 효율성을 극대화시키는 것이 매니저의 역할이다. 만약 임원급이라면 효율성에 효과성까지 더해서 관리해야 한다. 효과성이라는 것은 하나의 조직이 그들의 비전이나 미션을 달성하기 위해 나아가야 할 방향을 결정하는 역할까지 포함한다.

반면 내가 생각하는 리더의 역할은 위에서 언급한 시스템적인 접근이나 생산성, 효율성 같은 것과는 아무런 상관이 없다. 또한 리더십은 따로 학습을 통해 향상될 수 있는 지식이나 기술은 더더욱 아니다. 리더는 조직의 목표를 위해 존재하는 것이 아니라, 구성원 한 명 한 명을 위해 존재하는 사람이기 때문이다. 그래서 최고의 리더가 되기 위한 지름길이나 전략적 방법 같은 것은 존재하지 않는다.

리더의 가장 근본적이고 중요한 역할은 역시 리딩(Leading)이다. 풀어서 말하자면, 하나의 무리가 나아가야 할 방향을 설정하고, 자신이 이끌고 있는 조직에 속해있는 구성원들 모두를 같은 방향으로 이끌어 나가는 것이 리더의 역할이다. 하지만 너무나 당연하게도 한두 명도 아닌, 수백, 수천 명의 사람을 자신이 결정한 방향으로 인솔해 나가는 것은 아무나 할 수 있는 일이 아니다. 그리고

오늘보다는 더 나은 내일을 만들 수 있다는
왠지 모를 자신감이 있었기에,
내일보다 부족한 오늘은 별 문제가 되지 않았다.

선천적으로 뛰어난 천재성이나 후천적인 학습을 통해 습득한 해박한 지식, 현란한 기술은 최고의 리더 역할을 하는 데 많은 도움이 되지 못한다.

리더에게 정말 필요한 것은 단 하나, 구성원들을 상대로 믿음을 얻어낼 수 있는 능력과 리더십이다. '우리 리더는 개인적 안위보다 우리를 우선순위에 두는 사람이다'라는 믿음, '우리 리더는 우리의 안전과 이익을 위해 자신을 희생할 수 있는 사람이다'라는 믿음, '우리 리더는 우리가 꿈꾸는 미래로 우리를 안내해 줄 것이며, 그 종착역까지 우리와 함께 정진할 사람이다'라는 확신을 구성원에게 심어 줄 수 있을 때 비로소 탄생하는 것이 바로 리더십인 것이다.

이런 리더가 이끄는 조직은 예측 불가능한 미래를 향해 조직원 모두가 일사천리로 나아갈 수 있다. 그 조직에 속한 인원이 10명이건, 100명이건, 1000명이건, 그 구성원들은 리더가 정해준 방향을 따라 추호의 망설임이나 의구심, 또는 두려움 없이 모두 하나가 되어 나갈 수 있게 만드는 것, 이것이 진정한 의미의 리더십이며, 이렇게 강력한 리더십은 '믿음'이라는 하나의 단어를 통해서만 완성된다. 이것이 지금까지의 경험으로 완성한, 내가 생각하는 리더의 정의다.

그렇다면, 구성원들의 믿음은 어떻게 얻을 수 있을까? 믿음을 만들어낼 수 있는 전략이나 기술, 노하우가 존재할까? 실망스럽겠지만 그런 건 존재하지 않는다. 구성원들의 믿음을 얻을 수 있는 유일한 방법은 '진심'이다. 믿음이라는 감정은 절대 억지로 강요되거나 조작될 수 없기 때문이다.

나는 호텔의 총지배인으로 재직할 당시, 200명이 넘는 직원들의 생일을 직접 챙겼다. 흔히들 하는 것처럼, 비서가 준비해 준 생일 카드에 사인을 해서 배달(?) 보냈다는 의미가 아니다. 아주 부득이한 경우를 제외하고는, 직접 쓴 편지와 케이크를 준비하여 직원들이 일하는 현장을 직접 방문했다. 그곳에서 팀원들과 함께 축하 노래를 부르고, 케이크의 촛불을 끄고, 기념사진도 찍었다. 이렇게 직원들의 생일을 직접 챙기다 보니, 호텔에서는 거의 매일 같이 생일 축하 노래가 울려 퍼졌고, 특별한 이벤트가 연일 이어졌다.

그뿐만이 아니다. 호텔 총지배인으로서의 일과 중 하나는 하루에 한 번은 부서장들과 함께 호텔 구석구석을 둘러보면서 시설과 청결 상태를 점검하는 것이었다. 나는 호텔을 돌 때마다 마주치는 직원들과 일일이 악수를 했고, 그들과 적어도 한 마디 이상의 의미 있는 대화를 주고받기 위해 노력했다. 그러다 보니 1시간 이내에 끝낼 수 있는 호텔 투어가 2시간 이상 걸리기도 했다. 하지만, 이렇게 직원들과 직접 만나서 한 마디라도 주고받는 순간이 모여 나의 리더십이 완성된다는 확신이 있었다. 그렇기 때문에 직원의 생일을 챙기거나 호텔 투어에서 마주친 직원들과 대화를 나누는 시간은 나의 일상에서 가장 중요한 부분을 차지할 수 있었다.

리더의 역할은 2명 이상이 모인 조직이나 집단에서 자연스럽게 생겨난다. 그렇기 때문에 우리는 삶의 다양한 시간과 상황에서 자의든 타의든 리더의 역할을 수행해야 하는 경우가 생긴다. 우리의 삶 어디에나 필요한 것이 바로 리더십인 것이다. 가장 쉬운 예는 매일 마주칠 수밖에 없는 가족, 친구들의 집단, 그리고 직장이라는 조직이 있다. 이렇게 내가 속해있는 많은 조직에서 다른 이들과 교류하고, 교감하고, 관계를 형성하기 위해서 필요한 것이 바로 리더십이다. 나의 생각과 의견, 주장을 효과적으로 전달하고, 사회적 존재로서의 자존감을 형성하는데 필수적인 역량이 바로 리더십인 것이다.

리더십은 내 주변에 있는 타인의 믿음을 얻어낼 수 있는 능력이다. 다시 한번 강조하지만, 타인의 믿음을 쉽게 얻어낼 수 있는 전략이나 기술, 노하우는 존재하지 않는다. 내 앞의 모든 사람에게 '진심'을 다하라. 그것만이 가족 내에서, 친구들 사이에서, 직장에서, 당신이 존경받는 리더로서 인정받을 수 있는 유일한 방법이다.

이슬람에서도 통했던 선택, 삶의 원칙

나는 지난 25년 동안 6개의 국가에서 삶을 영위해 왔다. 그래서 미국에 있을 때는 미국의 문화에, 영국에 있을 때는 영국의 문화에, 인도네시아에 있을 때는 인도네시아의 문화에 맞추어 적응하려고 노력했다. 심지어는 고국인 한국으로 돌아갔을 때도 조금 더 한국적으로(?) 행동하려고 노력했던 것 같다. 그렇다고 해서 삶의 터전을 옮길 때마다 그곳의 문화와 관습에 따라 나를 변화시킬 필요는 없다.

　2009년 초, 영국 생활을 접고 한국으로 역이민을 해서 4년 남짓 지냈었다. 개인적으로는 내 삶의 방향에 대해 많은 생각을 하게 된 계기가 되었던 시기였다. 그 짧은 기간 동안, 나는 평소의 신념이나 철학과는 다른 생각을 하고 행동하는 나를 발견했다. 나름 10년이나 외국물을 먹으면서 타지에서 배운 것도 많고 부족한 점도 많이 보완했었는데, 한국에 들어와서 보니 그때까지 쌓아왔던 나만의 장점과 정체성까지도 점점 잃어가는 느낌이 들었다. 한국에 재입성했을 당시 마흔을 바라보는 나이였음에도 불구하고, 나는 타인의 시선을 의식하며 그들이 원하는 방향과 방식으로 행동을 수정했다. 그러다 보니 내 삶이 의도하지 않은 방향으로 흘러가고 있음이 감지되었다. 그 와중에 직장 생활에 대해서도 적지 않은 실망과 염증을 느끼게 되어 결국 한국을 떠나기로 마음먹게 되었다. 2013년에 나로서는 완전한 미지의 세계인 인도네시아행 비행기에 오르게 된다.

　한국 사람들은 이슬람 종교를 믿는 사람들을 그다지 좋아하지 않는 것 같다. 물론 특정 종교나 문화에 대해 거부감을 느낄 수도 있다. 그러니 이슬람 종교를 믿는 국가나 사람들을 혐오할 수 있다. 하지만 그들 중에서 몇 명이나 이슬람 국가에서 살아봤을까? 아니, 솔직히 이슬람 종교를 믿는 사람들과 밥이라도 먹어본 적이 있는지 궁금하다. 혹시 여러분도 이슬람 종교에 대한 혐오감을 가지고 있다면, 그러한 부정적인 감정이 생긴 이유가 내가 직접 겪은 경험 때문인지 아니면 넷플릭스를 통해 봤던 영화 몇 편 때문인지 자신에게 물어볼 필요가 있다.

나는 이슬람 국가인 인도네시아와 말레이시아에 있는 호텔의 총지배인으로 10여 년을 일했다. 인도네시아가 전 세계에서 이슬람 신자가 가장 많은 나라라는 것을 모르는 사람도 많을 것이다. 전 세계 이슬람교 신자의 13%인 2억 3,000만 명이 넘는 인구가 살고 있는 곳이 바로 인도네시아다. 말레이시아의 경우 이슬람교, 불교, 기독교 등 다양한 종교를 믿지만 그래도 국민의 63% 이상이 이슬람교를 믿는다.

나도 처음에는 낯선 문화 때문에 걱정이 되어 이슬람 문화에 대해 열심히 알아보는 등 많은 준비를 했다. 한동안은 내가 이슬람 국가에 살고 있다는 사실을 상기하며 어디서든 결례가 되는 행동을 하지 않으려고 노력했다. 잘 알려져 있는 것처럼, 술과 돼지고기를 먹지 않는 것 외에도 아이들 머리를 토닥거리면 실례가 될 수 있다는 것, 왼손은 불결하게 치부된다는 것 등 신경 쓸 것이 매우 많아 보였다. 하지만 몇 달 후에는 이러한 주의사항들이 그다지 중요하지 않다는 생각이 들었다. 인도네시아의 문화나 이슬람교의 교리보다는 세계 어디에서나 통용되고 환영받는 가치들에 집중해야 한다는 것을 깨달았기 때문이다. 나는 이러한 글로벌적인 가치들을 'Principles of Life(삶의 원칙)'이라고 칭하는데, 사실 거창한 것은 아니다. 삶의 원칙이란 친절, 예의, 정직, 근면, 성실, 너그러움, 겸손한 태도 등 누구나 어렸을 때부터 배우고 추구해 온 행동 양식들을 가리킨다.

이슬람 국가에서 지낸 10년이라는 긴 시간 동안, 나는 정말 많은 사람들로부터 분에 넘치는 사랑을 받았다. 호텔을 옮길 때마다, 마지막 근무날이 되면 호텔은 늘 눈물바다가 되었고, 은퇴한 지 4년이 지난 지금까지도 소셜미디어를 통해 안부를 주고받는 팀원들이 한두 명이 아니다. 학창 시절에는 독불장군 같은 성격 때문에 친구보다는 적이 많았던 나였는데도 말이다. 그 비결은 간단했다. 호텔의 리더를 맡은 후 나는 원칙에 충실한 삶을 살았다. 철이 들었다고 할까? 호텔에서도 직원들을 만나면, 그가 웨이터건, 하우스키퍼건, 정원사건 먼저 다가가 악수를 나누고 안부를 주고받았다. 직원이 200명이 넘었지만 그들의 이름을 기억하기 위해 노력했고, 생일을 챙기고, 그들과 단 5분이라도 함께하기 위해 일과를 조정하기도 했다. 나의 작은 행동이 낸 효과는 엄청났다. 단지 그들의 이름을 불러주고 악수를 청했다는 이유로 나는 그들에게 최고의 총지배인으로 여겨졌던 것이다.

내 경험에 의하면, 세계의 공용어는 영어가 아니라 바로 이러한 삶의 원칙들이다. 우리가 초등학교에 진학하기도 전에 부모님이나 주위의 어른들을 통해 배웠던 사소한 삶의 원칙들이 사실은 글로벌 세상에 생존하는 데 가장 중요한 개인의 능력이자 자질이라는 것을 나는 20년이 넘는 떠돌이 생활을 하면서 뼈저리게 깨달았다.

이 원칙들의 중요성은 앞으로 더 높아질 것이다. 챗GPT의 출현으로 시작된 인공지능과 로보틱의 시대에는, 인간의 가장 기본적인 가치들이 오히려 빛을 발할 수 있기 때문이다.

약 40여 년 전에 출간되었던 어떤 책의 제목처럼, 우리가 정말 알아야 할 모든 것은 유치원에서 이미 배웠다. 인생에서 가장 중요한 부분이었기 때문에, 영어나 수학에 앞서 가장 먼저 배웠던 것이다. 글로벌 시대를 살아가는 우리들이 성공하기 위해서는 이제 모두가 오래전에 배웠던 가장 중요한 것들을 실천하는 일만 남았다.

면접은 일방적인 선택이 아닌 맞선이다

호텔에서 총지배인이라는 명함을 달고 일하면서 수시로 면접을 진행했다. 호텔 직원들은 아직까지 인생의 진로를 100% 결정하지 못한 젊은 사람들이 대부분이고, 박봉에 시달리다 보니 이직률이 높을 수밖에 없다. 특히 마지막으로 일했던 직장에서는 노보텔과 이비스 스타일, 이렇게 2개의 호텔을 운영하면서 직원 수가 200명이 넘어가다 보니, 일주일에 2~3번씩 면접을 진행해야 하는 경우도 많았다. 이렇게 많은 면접을 통해 수많은 구직자들을 만나 이야기를 나누다 보면 두 가지 의아한 점이 생겼다.

첫 번째는 면접 준비에 관한 것이다. 나는 인터뷰 초반에 피면접자들에게 공통 질문을 던진다. 우리 호텔에 대해 알고 있는 것이 무엇이고, 호텔의 어떤 점이 가장 마음에 들어 지원을 결심하게 되었는지에 관한 질문이다. 신기할 정도로 많은 피면접자들이 이 질문에 대해 제대로 된 답변을 하지 못했다. 그저 자신의 경력에 도움이 될 것 같아서, 한 단계 더 높은 포지션으로 올라갈 수 있는 기회라서 지원했다는 '동문서답'이 대부분이었다. 직장에 관한 질문을 했는데 자신에 대한 대답을 하는 경우다. 하우스키핑(객실 정비) 부서의 매니저 포지션에 지원하면서 호텔의 객실 수를 모르는 경우도 있었고, F&B(식음료) 부서의 부서장으로 지원했지만 호텔 내에 미팅룸과 연회장이 몇 개나 있는지도 모르는 경우가 의외로 많았다. 모르긴 해도 면접을 위해 단 며칠은커녕 몇 시간도 투자하지 않은 것이 확실해 보였다.

이렇게 장차 일하게 될 직장에 대한 리서치를 비롯한 인터뷰 준비를 위해 단 며칠도 투자하지 않은 지원자에게 합격이라는 결과가 주어질 리는 만무하다. 일단 면접에 임하는 마음 자세를 통해서 그 사람의 일처리 방식을 미루어 짐작할 수 있기 때문이다. 취업 면접이라는 자기 자신에게 너무나 중요한 일에 있어서도 최선을 다하지 않는 사람이, 자신의 직장이나 동료 혹은 직장 상사를 위해 최선을 다할 가능성은 전무하다. 또한 이런 지원자들은 미래 직장에 대한 리서치가 부족하기 때문에, 차후에 직장에 대해 실망하거나 불만을 갖게 되는 경우가 많다. 결국 얼마 버티지 못하고 퇴사할 가능성이 높다는 말이다. 맞는 비유인지 모르겠지만, 잘 알지도 못하는 사람과 결혼했다면 이혼 확률이 높아지는 것은 당연한 것이 아니겠는가?

수많은 인터뷰를 진행하면서 신기하게 느꼈던 두 번째가 바로 이 부분이다. 나는 인터뷰의 마지막 즈음에 질문이 있는지 면접자에게 물어보는데, 의외로 질문이 없다고 말하는 사람이 많다. 사실 엄밀하게 따지면 취업 면접이라는 것은 면접관보다는 피면접자의 질문이 더 많아야 하는 자리다. 면접관인 내 입장에서는 함께 일할 200여 명 중 단 1명을 뽑는 자리에 불과했지만, 피면접자의 입장에서는 인터뷰 결과에 따라 인생의 방향이 바뀔 수도 있는 중요한 자리이기 때문이다. 소득을 통해 나의 삶을 지탱해 주고, 미래를 위해 경력을 개발하고, 사회의 구성원으로서 나의 존재를 성장시켜 줄 수 있는 곳이 바로 직장이다. 그런데 그 중요한 곳을 결정하고 있는 사람이, 자신이 뛰어들게 될 환경에 대해 아무런 질문이 없다는 것은 매우 이상하고 한심한 일이 아닐 수 없다.

인생에서 직장의 중요도는 어느 정도가 될까? 자신이 태어난 곳이나 부모는 직접 결정할 수 없기 때문에, 직접 선택할 수 있는 것들 중에서 가장 중요한 것은 아마도, 첫 번째가 배우자, 두 번째가 직장이나 거주지 정도가 아닐까 한다. 그런데 이렇게 중요한 부분에 대한 선택 과정에서 보이는 태도는 사뭇 다른 경우가 많다.

결혼할 사람을 고를 때, 그럴듯하게 보이는 사람들 중에서 나를 받아들여주는 사람이 있다고 해서 앞뒤 안 보고 바로 결혼을 결정하진 않는다. 최소한 어떤 생각을 가지고 사는 사람인지, 직업은 무엇인지, 가족 관계는 어떻게 되는지, 어떤 취미생활을 가지고 있는지, 좋아하는 음식은 무엇인지, 어떤 친구들과 어울리는지, 혹시 사이코 기질(?)은 없는지 정도는 확인해 보고 결혼을 결정하는 것이 당연하다. 그렇기 때문에 아무리 첫눈에 완전히 반해버린 케이스라 하더라도, 최소한 몇 개월 동안 혹은 몇 년에 걸쳐 연애라는 과정을 통해서 상대방을 충분히 파악하고, 정말 나와 잘 어울리는 사람이라는 확신이 넘칠 때 결혼을 결정하게 된다.

직장을 선택하는 과정도 마찬가지가 되어야 한다. 면접이라는 자리는 회사가 나를 일방적으로 평가하는 자리가 되어서는 안 된다. 인생에서 두 번째로 중요한 선택이 직장이라면, 결혼 상대를 고를 때만큼은 아니더라도 충분히 그 회사에 대해 알아보고 입사를 결정하는 것이 당연하지 않을까? 다시 말해, 면접은 회사를 대표하는 면접관이 나를 평가하는 자리인 동시에, 나에게도 이 회사를 철저히 평가해 볼 수 있는 소중한 기회인 셈이다. 회사의 분위기는 어떤지, 최근 실적은 어떤지, 어떤 비전과 미션, 문화를 가진 곳인지, 구성원들의 자질과 태도는 어떤지, 근무 조건은 어떤지, 발전 잠재력은 있는지, 혹시 이직률이 높지는 않은지, 궁금한 점이 너무나 많아야 하는 것이 정상이다.

혹시 회사에 대해 이런저런 질문을 하기가 두려운가? 구직자가 까다로운 모습을 보이면 혹시 면접관에게 잘못 보일까 걱정되는가? 하지만, 면접자가 회사에 대해 궁금한 점이 많다고 해서 부정적인 평가를 하는 회사라면 애당초 포기하는 게 낫다. '너 말고도 일할 사람 많으니, 닥치고 일이나 하라'는 분위기가 만연한 곳에서 당신의 인생을 낭비할 필요는 없기 때문이다. 오히려, 여러 가지 질문을 주고받는 과정을 통해, 내가 지원하는 회사의 소통 문화가 어떤지, 인사 담당자가 회사에 대해 애착과 자부심을 얼마나 가지고 있는지를 파악해 보고, 심지어는 면접관의 태도까지도 피면접자가 역으로 평가해 보아야 한다.

그래서 나는 면접관으로서 피면접자를 만날 때 항상 최선을 다해 임했었다. 피면접자와 마찬가지로 나 역시도 장차 함께 일하게 될 총지배인으로서 지원자로부터 평가를 받는 입장이라는 생각을 가지고 있었기 때문이다. 그래서 인터뷰마다, 예전에 역임했던 판촉부장의 마음자세로 돌아가 내가 운영하는 호텔의 장점을 정성을 다해 홍보하고, 최고의 리더가 이끄는 조직이라는 인상을 받을 수 있도록 나 자신에 대한 PR를 위해서도 최선을 다했던 기억이 아직도 생생하다.

여러분이 다음 면접에 들어갈 때는 인터뷰가 본인의 능력과 역량을 일방적으로 평가받는 자리라기보다는, 앞으로 자신의 인생에서 커다란 부분을 차지할 미래의 일터, 동료, 보스와 자신의 궁합을 맞춰보는 맞선의 장이라는 것을 기억했으면 한다. 최고의 배우자가 나와 가장 잘 맞는 사람인 것처럼, 최고의 직장은 나와 가장 잘 맞는 일자리임을 잊지 말자.

'스트레스'와 '열정'은 종이 한 장 차이

총지배인으로 근무한 7년 동안, 나의 퇴근 시간은 한결같았다. 빠르면 5시, 늦어도 6시 전에는 칼퇴근을 하여 7년 동안 가족과 저녁 식사를 함께하지 못한 적이 거의 없을 정도였다. 그렇다고 해서 일을 등한시했다고 생각하면 오산이다. 나는 다른 직원들이나 비서보다 1시간 일찍 출근하여 호텔에 가장 먼저 출근하는 사람에 속했다. 근무 중에 담배를 피거나 커피를 마시며 시간을 낭비하는 경우도 전무했다. 심지어는 점심시간도 고객이나 비즈니스 파트너와의 점심 약속이 있는 경우를 제외하고는 20분 이상을 소모한 경우가 드물었다.

그렇게 효율적인(?) 삶을 영위하던 내가 유튜버가 되어서는 새벽부터 밤늦게까지 매일 12시간 이상을 일하면서 2년 이상을 보냈다. 2년 동안 휴가도 제대로 보내지 못하고, 주말에도 일을 하는 경우가 대부분이었다. 2년 동안 유튜브 채널에 업로드한 영상의 개수가 1,000편이 넘어갈 정도니, 얼마나 미친 듯이 일했는지 짐작할 수 있을 것이다. 물론 지금은 주말에도 과감히(?) 쉬고, 가끔씩 가족과 휴가도 즐긴다. 나는 왜 많은 사람들이 염원하는 칼퇴근이 보장된 안정적인 직업을 뒤로 하고, 하루 12시간 이상을 일해야 하는 치열한 삶으로 옮겨간 것일까? 이 질문에 대한 답을 정리해 보고자 한다.

우리는 하기 싫은 일을 억지로 해야 하거나, 매우 불편하고 견디기 어려운 상황을 만나게 되면 심리적, 감정적으로 압박을 받게 된다. 이것을 '스트레스'라고 부른다. 반면, 아주 유사한 심리적, 감정적 압박을 받으면서도 엔돌핀을 만들어 내는 경우도 존재하는데, 이것은 '열정'이라는 단어로 표현한다. 여기서 핵심은 '스트레스'와 '열정'이 그야말로 종이 한 장 차이라는 것이다. 내가 하고 싶지 않은 일에 억지로 매진해야 하는 상황이 '스트레스'를 유발한다면, 내가 원하는 일에 매진하는 상황은 '열정'을 넘어 성취감과 행복감을 만들어낸다.

진심은 어디에서나, 그리고 누구에게나 통한다.

나는 직장 생활 초기에 월요병을 심하게 앓았다. 천성이 예민해서 여러 가지 룰이 존재하고, 다양한 사람들을 상대해야 하는 직장 생활에 적응하는 데 남들보다 더 많은 어려움을 겪었다. 특히 만 3년 이상을 야간 당직 매니저로 일한 적이 있었는데, 그때는 호텔리어라는 직업이 적성에 맞지 않는다고 생각하면서 다른 직업군으로의 이직을 고려할 정도로 고통이 심했다. 나를 심하게 괴롭혔던 직장 스트레스는, 근무 부서가 프런트 오피스에서 예약부로 바뀌면서 한순간에 거짓말처럼 사라져버렸다.

물론 야간 당직 매니저에서 예약부 매니저로 승진하면서 근무 시간이 야간에서 주간으로 바뀐 부분도 한몫했다. 더 중요한 변화는 담당 업무의 성격이었다. 야간 당직 매니저의 주요 업무는 크게 두 가지였는데, 하나는 하루를 마감하는 각종 영업 보고서의 작성 및 배포였고, 또 하나는 직원들이 대부분 귀가한 밤에 몇 명 되지 않은 야간 근무 직원들과 함께 호텔 고객들의 요청 사항에 응대하고, 불만 사항을 해결하는 것이었다. 그것은 수치로 표시되거나 평가될 수 있는 임무가 아니었다. 반면, 예약부 매니저의 KPI(근무평가지수)는 너무도 확실했다. 예약부 매니저로서 나에게 주어진 임무는 객실 비즈니스에 관련된 여러 가지 성과 지표를 극대화하는 것이었다. 예를 들어, 예약 전환율(Conversion Rate, 전체 예약 문의 중 얼마나 많은 고객 문의를 예약으로 전환하는가), 호텔의 객단가, 객실 점유율, 객실 매출 등 매년 나에게 주어지는 연간 목표, 월간 목표가 확실하게 존재했던 것이다. 심지어 이런 성과 지표들은 일일 단위로도 평가가 가능하기 때문에, 나의 근무 성과는 매일 아침 수치로 업데이트되었고, 호텔 내 모든 사람들에게 공유되었다. 사람에 따라서는 이런 식으로 근무 실적이 매일 업데이트되고 공개되는 포지션이 큰 압박으로 느껴질 수도 있을 것이다. 하지만 목표 지향적이며 확실한 업무 평가 방식을 선호하는 내 입장에서는 예약부 매니저 자리가 더할 나위 없이 재미있고 보람된 일자리로 느껴졌다. 그때부터 나는 호텔에서의 내 직업을 진심으로 즐기고 사랑하게 되었고, 더 이상 월요일을 두려워하지 않게 되었다.

진정한 워라밸은 9시에 출근해서 5시에 칼퇴근하는 것이 아니다. 내가 정말 좋아하는 일을 마음껏 할 수 있는 직장이나 직업을 찾아내는 것, 이것이 워라밸의 시작이자 마지막이다. 예전에는 '평생직장'이라는 말이 긍정적인 의미로 여겨져, 직장을 옮기거나 그만두는 행위를 몹쓸 짓으로 치부했었다. 여러 직장을 옮겨 다니면서 좀 더 많은 재미와 책임, 보상을 즐길 수 있는 삶을 추구하는 행위를 금기시한 것이다. 하지만 좀 더 재미있는 일과 합당한 대우, 일하기 좋은 환경을 좇아 직장을 옮기는 행위는 절대 잘못된 것이 아니다. 오히려 그렇게 하지 못하는 사람이 한 번뿐인 인생을 제대로 못 살고 있는 게 아닐까.

세상에는 수많은 직업이 존재하고, 하나의 직업군에도 수많은 직책과 역할이 존재한다. 그리고 내가 역할을 수행할 수 있는 회사도 수없이 많은 것이 사실이기 때문에, 그중 나에게 가장 적합한 자리를 열심히 찾아가는 과정은 너무도 자연스럽고 당연한 과정이다. 경력이 전무한 사회 초년생의 입장에서 난생 처음 선택한 직장이 자신의 취향이나 적성과 찰떡궁합일 가능성은 얼마나 될까? 직장 생활이 힘겨운가? 하는 일이 재미없는가? 월요일이 무서운가? 당신 잘못이 아니다. 단지, 당신과는 어울리지 않는 엄한 곳에서 일하고 있을 가능성이 높다. 더 이상 '직장 생활은 원래 힘겨운 거야', '하기 싫어도 인내하는 것이 직장 생활이야'라며 인생을 낭비하지 말았으면 한다.

유능함은 타고나는 게 아니라, 선택과 학습의 축적이다

외국 기업과 한국 기업의 직급 체계에는 커다란 차이점이 있다. 바로 매니저라는 직책인데, 한국에서는 부장, 차장, 과장, 계장이라고 부르는 대부분의 관리자를 영어권에서는 매니저라고 부른다. 한국에서는 '간부'라는 단어가 매니저와 비슷한 의미로 사용되곤 하지만, 내가 생각하는 매니저의 역할과는 사뭇 다른 점이 많기 때문에 '매니저'라는 단어를 그대로 사용하겠다.

유능한 매니저는 어떻게 만들어질까? 타고나는 걸까? 오랜 경력이 쌓이면 누구나 좋은 매니저가 될 수 있을까?

나는 운이 좋게도 직장 생활 3년 차에 어시스턴트 나이트 매니저(Assistant Night Manager, 야간 부당직 지배인)라는 명함을 달 수 있었다. 총 22년의 호텔리어 경력 중 19년이나 되는 시간을 매니저라는 타이틀을 가지고 직장 생활을 했다. 프런트 오피스팀, 예약 부서, 매출 관리, 판촉부, 오퍼레이션 매니저, 그리고 총지배인까지 다양한 성격과 역할을 수행하는 부서들과 팀을 맡아 운영할 기회가 있었다. 개인적인 경험에 비추어볼 때, 직장인들이 유능한 매니저로 성장하기 위해서는 반드시 기억해야 할 사항이 있다. 바로 매니지먼트는 학문이라는 점이다. 한국을 비롯한 전 세계의 대학교에 개설되어 있는 학과를 살펴보면, 가장 흔하고 인기가 많은 학과 중에 하나가 바로 매니지먼트, 즉 '경영학과다. 대기업의 중역으로 성장하기 위해서는 필수 코스처럼 여겨지는 MBA 코스는, 사실 경영학을 조금 더 쉽게 실전에 활용할 수 있도록 가르치는 대학원을 그럴듯하게 부르는 말에 불과하다. 책의 앞부분에서 설명했던 리더십을 가르치는 대학은 흔치 않다. 하지만 경영학을 가르치지 않는 대학은 거의 없다. 그렇다면, 이렇게 전 세계의 대학교에서 경영학을 가르친다는 것은 무엇을 의미할까?

매니지먼트는 타고난 역량, 재능, 성품, 이런 선천적인 요소들보다 학습으로 길러내야 하는 일종의 지식, 스킬이다. 다시 말해, 경영은 경력이 많은 사람이 잘할 수 있는 것이 아니라, 경영을 공부한 사람이 잘할 수 있다는 의미다. 유능한 매니저는 같은 일을 오랫동안 반복하면서 저절로 만들어지는 것이 아니라, 관련 서적이나 강의를 통해 스스로 공부하고, 각종 교육과정 등을 통해 양성된다는 점을 강조하고 싶다.

단편적인 예로, 군대에서 더 오랫동안 근무하면서 경험을 쌓아온 원사나 상사보다 육군사관학교를 갓 졸업한 소위가 더 높은 관리직을 차지하는 이유가 바로 여기에 있다. 또 다른 예로, 호텔 레스토랑에서 오랫동안 일한 베테랑 웨이터나 웨이트리스보다 대학에서 경영학을 전공하고 막 졸업한 새내기가 오히려 더 효과적으로 레스토랑을 경영할 가능성이 높다. 다시 말해, 일반 사원이 유능한 매니저로 성장하기 위해서는, 현재 자신에게 주어진 임무와 반복되는 루틴을 열심히 수행하는 것으로는 턱없이 부족하다는 말이다. 능력 있는 관리자로 성공하고 싶다면, 꾸준히 경영에 관한 교육을 받고, 관련 서적을 읽고, 효과적인 경영에 대한 이론과 규칙들을 습득해야 한다. 요즘에는 굳이 경영학과에 진학하지 않아도 유튜브나 온라인 강좌 등 양질의 강의를 원하는 시간에 편안한 장소에서 마음껏 섭렵할 수 있다. 누구에게나 최고의 매니저로 자신을 성장시킬 수 있는 기회가 주어진다는 뜻이다. 끊임없는 학습을 통해 능력 있는 관리자가 되어야 한다. 이제 상무, 전무, 부장 타이틀만 가지고 조직을 관리하던 시대는 끝났다.

그동안 직장 생활을 하면서 만나왔던 최악의 매니저들은 대부분 이런 사실을 간과한 사람들이었다. 그들은 같은 업무를 오랜 시간 반복해 왔기 때문에, 그 일에 익숙하다는 이유로 자신에게 관리자가 될 자질과 능력이 있다고 착각했다. 그래서 성공적인 경영인이 되기 위한 학습과 자기계발을 게을리하게 되는 것이다. 이들이 공통으로 가지고 있는 최악의 특징은, 관리자의 권위와 능력이 명함과 타이틀에서 나온다고 믿는 것이다. 매니저의 기본적인 임무는 가장 효과적인 전략과 계획을 수립하고, 그 계획을 가장 효율적인 방식을 통해 이행함으로써 한 집단에게 주어진 목표를 제한된 리소스를 통해 달성하는 데 있다. 따라서, 조직의 목표 달성을 위해 세밀한 계획을 만드는 능력, 그 과정을 체계화하는 능력, 인적 자원을 조직화하는 능력, 또 그들을 리딩하고 통제하면서 수립된 계획을 추진하는 능력을 갖추지 못한 매니저는 절대 매니저로서 성공할 수 없다. 경영학을 열심히 공부하라. 그래야 존경받는 부장님, 유능한 상무님이 될 수 있다.

유능한 매니저, 성공적인 관리자가 되기 위해서 기억해야 하는 것이 또 있다. 바로 '매니지먼트는 사람을 매니지하는 것이 아니다'라는 사실이다. 이제 막 매니저로 진급한 초보 관리자가 가지고 있는 가장 커다란 착각 중에 하나는 매니저의 동의어가 '보스'라는 생각이다. 그래서 해야 할 일이 산더미 같은데, 그 일들을 등한시하면서 자기 팀원들, 즉 사람들을 매니지하는 데 올인한다는 것이다. 하지만 매니저가 관리해야 할 주요 대상은 사람이 아니라 근무 시스템이다. 매니저는 자신이 책임지고 있는 조직의 매출, 비용, 고객, 시스템, 안전 문제, 근무 절차, 스케줄, 필요한 장비 등 매우 광범위한 부분을 관리해야 한다. 이렇게 많은 부분을 관리해야 하는데 혼자 힘으로는 불가능하기 때문에 팀원을 고용하는 것뿐이다. 하지만, 너무도 많은 관리자들이 사람 관리하는 재미(?)에 푹 빠져 헤어나오지 못하고, 자신의 시간과 에너지를 '보스 놀이(?)'에 모두 소진하고 만다. 심지어는 이러한 보스 놀이가 퇴근 이후나 주말까지 연장되는 조직이 많다는 것이 안타까운 현실이다.

사실 한국을 떠나 이직했던 인도네시아에서도 나을 것이 없었다. 대개의 경우, 호텔의 부서장들 역시 부하 직원을 관리하는 것이 그들의 주요 임무인 것으로 착각하고 있었다. 예를 들어, 호텔 서비스나 상품에 대한 컴플레인이 발생하면 대부분의 부서장들은 약속이나 한 듯 '해당 직원에게 다시 한번 주지시키고 주의를 줘서 다시는 같은 일이 발생하지 않게 하겠다'는 반응을 보인다. 하지만, 이렇게 사람을 관리하는 방식으로는 비슷한 성격의 컴플레인이 재발하는 것을 절대 막을 수 없다. 고객의 불편사항에 대한 근본적인 해결책을 찾아내기 위해서는, 그 이슈를 발생시킨 근본적인 이유를 찾아 치유해야 한다. 그 이유는 시스템적인 오류나 비효율적인 서비스 절차인 경우가 더 많고, 혹은 비능률적인 근무 조건이 될 수도 있다. 문제가 이런 부분이라면, 그 해결책은 당연히 업무 방식을 바꾸거나, 근무 환경을 개선하거나, 담당 부서나 담당 직원을 바꾸거나, 장비를 교체 또는 보완하는 식으로 근본적인 처방을 해야 영구적이고 장기적인 향상을 만들어낼 수 있다.

　나는 매니저로 일할 때 한 가지 신념을 가지고 있었다. 바로, 인간은 천성적으로 관리의 대상이 되서는 안 된다는 것이다. 인간은 본능적으로 자신의 시간을 관리하고, 자신의 인생을 컨트롤하고, 자신의 행동을 결정하고 그 결과를 책임질 수 있을 때 비로소 삶의 의미를 찾고, 행복해질 수 있는 존재라고 생각한다. 따라서, 매니저가 정말 해야 할 일은 자신의 조직, 자신의 부서에 속해있는 팀원들의 일수거일투족을 통제하고 지시하는 것이 아니라, 팀원 각자가 능력을 최대한 발휘하면서 근무 성과를 극대화할 수 있는 조건과 환경, 가장 효과적인 시스템을 구축해 주는 것이다. 그런데 이렇게 전반적인 시스템을 관리할 능력이 없는 사람들이 매니저 타이틀을 달게 되면 믿을 게 타이틀밖에 없으니, 타이틀을 앞세워 팀원들을 핍박하고 짓누르면서 성과를 짜내기 위해 그들 나름대로의 방식으로 최선을 다하게 된다. 이렇게 자신이 몸담고 있는 조직에 백해무익한 존재가 되고 싶은가? 아니면, 조직의 성공에 일조할 수 있는 유능한 관리자가 되고 싶은가? 후자가 답이라면, 가장 먼저 '보스 놀이'를 중단하고, 시스템을 관리할 수 있는 역량을 기르기 위해 끊임없이 공부하라. 혐오스러운 꼰대가 되느냐 존경받는 매니저가 되느냐, 당신의 선택과 의지에 달려있다.

미러링(mirroring)의 파워!

내 자랑 같지만, 인도네시아, 말레이시아 등 동남아에서 총지배인으로 일할 당시에 나는 직원들로부터 많은 사랑을 받는 리더였다. 일단 운이 좋았다. 때마침 절정에 이른 K팝, K드라마의 인기 덕분에 한국인이라는 이유만으로도 많은 직원들에게 호감을 살 수 있었다. 거기에 직원들과 함께 어울려서 노래를 부르고, 매주 '플래시몹 댄스' 프로그램을 진행하면서 춤추는 총지배인으로 유명세를 타는 바람에 우리 호텔 직원들뿐만 아니라, 다른 아코르 호텔 직원들로부터도 소셜 미디어를 통해 수많은 친구 신청을 받았다.

한국인이라는 이유 외에도 인기를 얻을 수 있었던 현실적인 이유가 하나 더 있다. 그건 바로 내가 직원들의 '진급'과 '복지'에 매우 관대했다는 사실이다. 나는 레비뉴 매니저(객실 매출 책임자), 세일즈&마케팅 디렉터 출신답게 호텔의 매출 성장에 집중하는 경영 스타일을 가지고 있었다. 그래서 다른 총지배인들에 비해 비용 관리에는 까다롭지 않은 편이었고, 직원들의 사기 진작을 위해서라면 직원들을 위한 행사나 보너스, 특히 직원들을 진급시키는 데 매우 적극적인 편이었다. 게다가, 나는 업무에 필요한 기술적 능력과 스킬은 승진 이후에 그 타이틀이 주는 존재감과 후천적인 학습에 의해 쉽게 연마가 가능하다고 믿는 사람이었기 때문에, 즐겁게, 열심히, 열정적으로 일하는 직원들에게 많은 기회를 주었다.

그러다 보니, 내가 일하는 호텔에서는 매년 20% 정도의 직원들이 승진을 했고, 많은 직원들의 월급이 올랐다. 이런 상황은 직원들을 행복하게 만들었고, 그 덕에 호텔 매출도 오르고, 나의 인기도 함께 상승하는 선순환이 반복되었다. 하지만, 이렇게 관대한 시각을 가지고 직원들을 대했던 나에게마저도 소위 '찍힌' 직원들이 있었다. 그래서 이번에는 직장 상사에게 찍히는 가장 확실한(?) 방법에 대한 이야기를 펼쳐볼까 한다.

모든 직장과 부서에는 직속 상사와 잘 지내지 못하는 팀원이 꼭 있기 마련인데, 이들이 가지고 있는 약점이나 단점은 대체로 일치하지 않는다. 똑똑한 직원인데도 건방지다고 찍히는 바람에 자신의 능력을 제대로 발휘하지 못하는 경우도 있고, 반대로 심성이 착하고 맡은 바 책임을 다하지만 곰같이 미련하다고 평가절하되는 경우도 있다. 이렇게 문제 직원들이 가진 약점이 천차만별인 이유는 간단하다. 사람에 대한 평가는 일정하게 정해진 공정한 잣대를 통해서 만들어지지 않기 때문이다. 안타깝게도, 직원에 대한 평가는 평가를 내리는 사람의 지극히 주관적인 관점에 영향을 받는다. 그래서 좋은 직장을 고르는 것보다 더 중요한 것이 좋은 직장 상사를 만나는 것이다. 여기서 좋은 상사는 궁합이 잘 맞는다는 의미를 포함한다.

문제는 새로운 직장에 출근하기 전에는, 상사와 내가 얼마나 궁합이 잘 맞는지 살펴볼 수 없다는 점이다. 면접이라는 중요한 기회가 주어지지만, 제한적인 시간과 질문을 통해 나와 함께 일하게 될 사람의 스타일과 됨됨이를 정확히 진단하기는 쉬운 일이 아니다. 그래서 자기와 찰떡궁합인 직장 상사를 만나는 행운은 모든 사람에게 찾아오지 않는다. 대부분의 직장인들은 상대방에게 자신을 맞추는 노력을 열 시간 가까이 하며 하루를 보낸다. 물론 이러한 노력의 대부분은 부하 직원의 몫이다. 부하 직원 입장에서 직속 상사는 단 한 명에 불과하지만, 상사 입장에서는 그 직원이 다섯 명 중의 한 명, 혹은 열 명 중의 한 명, 더 많게는 수십 명 중의 한 명일 수 있기 때문이다.

그렇다면, 직장 생활의 안위는 물론이고 나의 인사고과 평가나 진급 기회까지도 좌지우지하는 직장 상사와 잘 지낼 수 있는 방법이 있을까? 물론이다. 여기서 '미러링(mirroring)'이라는 나만의 비결을 공개하고자 한다. 앞에서 나는 조직에서 인정받지 못하는 사람들은 모두 비슷한 유형이 아니라, 각각 다른 이유로 어려움을 겪게 된다고 말했었다. 다시 말해, 직장 상사들은 각자의 잣대를 가지고 사람들을 평가한다는 말이다. 그렇다면, 나의 직장 상사가 가지고 있는 평가 잣대를 쉽게 파악할 수 있는 방법은 무엇일까? 바로 미러링이다.

미러링은 한 사람의 행동을 유심히 관찰하고, 그 사람이 반복적으로, 습관적으로, 지속적으로 보이는 행동을 거울에 비친 것처럼 똑같이 따라한다는 직관적인 의미가 있다. 내가 말하는 미러링은 여기에서 조금 더 나아가서, 한 사람이 가장 중요하게 여기는 인생의 가치관들을 파악해서 그 가치에 부합하는 행동을 할 수 있도록 노력하는 제반 과정을 포함한다.

비교적 관대한 리더로 평가받는 나였지만, 그 와중에도 나와 잘 지내지 못했던 직원들은 비슷한 결점을 가지고 있었다. 그들은 예의가 없고 인사성이 밝지 않았다. 여기서 중요한 사실은 나와 함께 일했던 직원들 입장에서는 내가 예의나 인사성을 중시한다는 것을 파악하기가 매우 쉬웠다는 것이다. 나는 언제 어디에서나, 그리고 누구에게나 최대한 예의를 갖추어 행동하는 사람이었기 때문이다.

따라서 나의 행동을 보면서 '아, 저 사람은 예의를 중시하는구나! 나도 예의를 갖추어서 저 사람을 대해야겠다'라고 생각하면서 미러링을 시도한 직원들은 나와 일하는 내내 좋은 관계를 유지할 수 있었다.

안타깝게도 '아, 저 사람은 직원들에게도 인사를 잘하는구나'라는 생각에서 끝난 사람들은 미러링까지 발전하지 못했다. 오히려 부하 직원에게도 예의를 갖추는 나를 만만하게 생각하는 사람들이 많았다. 소위 강자에게는 약하고, 약자에게는 강한 부류의 사람이 이런 실수를 많이 한다. 나는 나를 만만하게 보고 예의를 갖추지 않는 사람을 만나면 갑자기 전투력이 상승하여 대하기 어려운 사람으로 변한다. 그래서 모든 직원들이 나에 대해서 아름다운 기억만을 가지고 있진 않을 것이다. 하지만, 불쾌한 추억(?)의 원인은 바로 그들 자신에게 있었다. 여러분이 함께 일하고 있는 보스와 좋은 관계를 유지하고 싶다면, 지금부터라도 '미러링'을 시작해야 할 것이다.

직장 내에서 소통하는 방법에는 여러 가지가 있다. 어떤 상사는 이메일을 선호하고, 어떤 사람은 카톡을, 또 어떤 사람은 전화 통화나 대면 보고를 좋아한다. 나는 개인적으로 이메일 소통을 가장 선호한다. 이러한 나의 성향은 일상에서 매우 분명하게 나타났었다. 호텔에서 일할 당시 하루에도 수십 통의 이메일을 팀원들에게 보냈기 때문이다. 직원들 입장에서는 나와 소통할 때, 가급적이면 이메일을 선택하는 것이 현명했다는 말이다. 이건 단지 기본에 불과하다. 내가 직원들에게 보낸 이메일을 조금 더 자세히 살펴보면, 하루에 수십 통의 이메일을 보내면서도 나는 단 한 번도, 메인 메시지를 언급하기 전에 인사를 잊는 법이 없었다. 내가 보낸 이메일들은 최대한 예의를 갖춘 형태로 작성되었으며 마지막 인사와 감사의 표시도 잊은 적이 없었다. 바꿔 말하면, 이러한 형식을 갖추지 못한 이메일을 받게 되면 내가 불쾌감을 느낄 수도 있다는 것이다.

물론 나와 정반대 성향을 가진 상사들도 많다. 이메일을 길게 쓰는 것은 시간 낭비라고 생각해서 인사말 생략은 물론이고 'Thank you'조차도 'Thx'로 작성하는 사람들도 있다. 이런 사람들을 상대할 때는 예의를 갖추거나 인사를 열심히 하는 것보다 빠른 일처리에 집중하는 소통 방식이 중요할 것이다.

여기서 핵심은 미러링이다. 당신에게 중요한 사람의 행동을 잘 관찰하고, 그 사람에게 중요한 것이 무엇이지 파악하는 것이 우선이다. 그리고 나서는 최고의 따라쟁이가 되면 된다. 혹시 나에게 너무나 중요한 사람인데 따라하고 싶은 마음이 전혀 들지 않는가? 만약 그렇다면, 그 사람은 여러분의 인생에 도움이 되지 못할 가능성이 높다. 이런 경우에는 미러링보다는 이직을 준비하는 것이 더 나을 수 있다.

프레젠테이션,
나를 증명하는 표현의 기술

'Don't judge a book by its cover'라는 격언이 있다. '표지만 보고 책을 판단하지 말라'는 뜻인데, 여기에는 세상의 많은 사람들이 겉모습만 보고 내면을 미루어 짐작한다는 역설적인 의미가 담겨있다. 자신을 잘 보여주거나 제대로 표현할 수 있는 능력은 행복하고 성공적인 삶을 살아가는 데 매우 중요한 필수 스킬 중에 하나다.

한국에서는 간혹 가다가 겉만 번지르르하면 뭐 하나며, 보이는 모습보다 보이지 않는 내면이 더 중요하다고 주장하는 사람들이 있다. 개인적인 생각으로는 표현하지도 보여주지도 않는 사람의 내면을 어떻게 알아서 이해하고 공감하고 인정하라는 건지 이해할 수 없다. '말하지 않아도 알아요. 그냥 바라보면~'이라는 초코파이 광고 속의 노래는 수백 년 전 외부와 단절된 사회 환경에서 매일같이 똑같은 사람들과 평생을 함께하던 조선시대에나 유효한 메시지다. 사랑하면 고백할 줄 알아야 하고, 미안하면 표현할 줄 알아야 하며, 고마우면 전달할 줄 알아야 한다. 그것도 잘할 줄 알아야 유리하다. 현대 사회에서 이렇게 자신을 효과적으로 보여주고 표현할 줄 아는 능력은 커다란 장점이다. 영어권에서는 이 능력을 '프레젠테이션 스킬'이라고 하는데, 직장 생활이나 사회 생활에서 가장 중요한 자질 중 하나로 평가되고 있다.

실제로 나는 22년간 직장 생활을 하면서, 전반적으로 나보다 뛰어난 능력을 가졌음에도 자신의 진면목을 보여줄 수 있는 프레젠테이션 스킬이 부족한 사람을 많이 봐왔다. 안타깝게도 그들 대부분은 회사에서 자신의 능력에 걸맞은 인정을 충분히 받지 못했고 승진도 더딘 경우가 많았다. 나는 그 반대의 경우였다. 나는 가지고 있는 능력 이상을 최대한 어필하여 회사에서 인정도 받고, 결국 호텔리어의 꿈인 총지배인 자리까지 승진을 거듭할 수 있었다. 사실 따지고 보면, '미주은' 채널의 성공도 마찬가지다. '미국주식 투자'라는 영역에서 내가 가지고 있던 역량이 다른 전문가들에 비해 더 나을 리가 없지 않은가? 하지만, '미주은' 채널은 그 어떤 전문 채널보다 성공적으로 성장했다. 여기에는 내가 가진 능력 이상을 보여준 '프레젠테이션 스킬'이 한몫 단단히 했다고 믿고 있다.

그렇다면, 이렇게 중요한 프레젠테이션 스킬은 선천적인 걸까? 프레젠테이션 스킬을 후천적으로 향상시킬 수 있는 방법은 존재할까? 나는 프레젠테이션 스킬을 상승시킬 수 있는 확실한 방법이 존재한다고 믿는다. 지금부터 자신을 200% 이상 표현하는 방법을 공유해 보겠다.

누구나 견디기 힘들 정도로 지루했던 교장 선생님이나 학과장님, 혹은 회사 사장님의 연설을 들은 기억이 있을 것이다. 그 지루했던 연사들에게는 공통점이 있다. 미리 작성한 연설문을 읽는다는 것이다. 열심히 준비한 그들에게는 미안한 말이지만, 우리는 그들의 연설을 기억하지 않는다. 아니, 기억하지 못한다. 항상 '친애하는'으로 시작했던 연설은 대부분 이렇다 할 재미도 감동도 없었기 때문이다. 도대체 뭐가 문제였을까?

가수들 중에는 '싱어송 라이터'라고 불리는 사람들이 있다. 싱어송 라이터는 노래를 부르면서 작사·작곡도 겸하는 아티스트를 칭하는 말이다. 이들이 대중에게 인정받는 이유는 노래도 잘하고 작사·작곡도 하는 멀티 스킬을 가지고 있어서 그런 것이 아니다. 노래를 듣는 사람은 누가 작사·작곡을 했는지 감안하면서 감상하는 것도 아닌데, 멀티 스킬이 있다고 더 인기가 있을 까닭이 없다. 하지만 싱어송 라이터들은 자신의 이야기와 감성이 들어있는 음악을 자기가 의도한 방식대로 직접 노래하기 때문에, 다른 가수들에 비해 청중의 공감을 이끌어낼 가능성이 높다. 이것이 싱어송 라이터가 가진 특별한 능력이자 차별점이다. 물론 다른 사람이 작사·작곡한 음악도 마치 자신의 이야기인 것처럼 100% 감정 이입해서 제대로 표현해 내는 특출 난 아티스트도 많다. 그들은 지극히 축복받은 사람이다. 그런 가수들은 작곡가와 작사가에게도 인기도 많다. 다른 사람의 인생과 감성이 스며들어 있는 곡을 마치 자신의 이야기처럼 노래해 주는 가수는 쉽게 찾기 어렵기 때문이리라.

우리는 노래를 잘하는 사람에게 '감정 표현'이 정말 뛰어나다고 칭찬하곤 한다. 사실 음악은 인간이 사용하는 여러 가지 프레젠테이션 방식 중 하나에 불과하다. 따라서 '감정 표현이 뛰어나다'는 표현은 단지 음악에 국한된 것이 아니라고 생각한다. 음악뿐만 아니라 어떤 형태의 프레젠테이션이 되었건, 우리가 최고의 프레젠테이션을 만들어내기 위해서는 우리의 생각과 감정을 여과 없이 표출하는 것이 가장 중요하다.

평소에 우리가 가지고 있었던 생각과 의견, 신념과 믿음을 가슴에서 우러나오는 목소리로 거침없이 표현할 때 사람들은 그 목소리에 귀를 기울이게 되고, 공감 혹은 반감할 수 있게 되고, 심지어 감동까지 하게 되는 것이다. 가수 이소라가 노래를 부르며 눈물 흘리는 모습을 본 적이 있는가? 이소라의 노래는 항상 시리도록 아프다. 왜냐하면, 가수가 실제로 아픈 감정을 느끼면서 노래하기 때문이다. 노래 부르는 순간만큼은, 그녀가 실연이나 이별의 아픔을 다시 경험하고 있는 것이다.

이렇게 최고의 프레젠테이션이라는 것은 토씨 하나까지 최선을 다해 준비해 놓은 완벽한 연설문에 의해 탄생하는 것이 아니라, 프레젠터가 굳게 믿고 있는 신념이나 확신에 넘쳐나는 지식을 자신의 목소리로 거침없이 쏟아낼 때 만들어질 수 있다.

혹시 여러분 중에서 프레젠테이션 스킬의 향상이 시급하다고 느끼는 사람이 있다면, 지금부터 자신의 생각과 의견을 여과 없이 표현해 보길 권한다. 물론 말실수를 하게 될 수도 있다. 하지만 어쩔 수 없다. 자신의 생각과 사상이 그러한데 누구를 탓할 수 있겠는가? 말실수가 많다면 자신의 생각이나 사상을 바꾸기 위해 끊임없이 노력하면 된다. 조금은 더 긍정적이고 건전한 사고를 할 수 있도록 자신을 채찍질할 수 있는 계기로 삼아야 한다.

'마흔을 넘긴 사람은 자기 얼굴에 책임을 져야 한다.'

미국인들이 가장 사랑하는 링컨 대통령의 말로 알려진 문장이다. 40년 이상 살았다면, 살아온 인생이 얼굴을 통해 드러난다는 의미일 것이다. '원판 불변의 법칙'을 초월하면서까지 자신의 얼굴을 책임지지 못하더라도, 적어도 하고 싶은 말을 마음대로 하고, 자기

입에서 나온 말에는 책임을 질 수 있는 사람이 될 수 있도록 내면을
수양해야 할 것이다. 그래야 당신의 생각과 감정을 거침없이 표현
할 수 있게 되고, 그때서야 비로소 사람들이 당신의 말에 귀를 기울
이기 시작할 것이다.

다름을 인정할 때 갈등은 기회가 된다

다음 그림은 내가 호텔의 임직원들을 대상으로 강연할 때 주로 사용하던 것이다. 그림에 있는 원기둥은 변하지 않는, 고정된 형태를 가지고 있다. 이 도형이 원기둥이라는 것은 절대 변하지 않는 '사실' 혹은 '진리'라고 정의할 수 있다. 하지만 1번, 2번, 3번의 예시처럼, 위에서 볼 때는 2차원적인 원이라고 착각할 수 있고, 정면에서 보면 직사각형이라고 확신할 수도 있다. 나는 위에서 바라보는 사람들이 보게 되는 원과 정면에서 바라보는 이들이 보게 되는 직사각

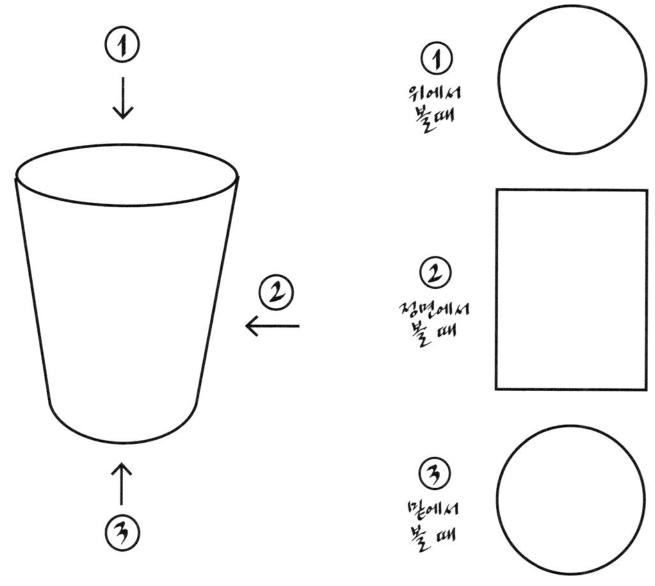

형을, 그들이 가지고 있는 관점이나 시각이 만든 '의견'이라고 부르고 싶다.

세상을 살아가면서 만들어지는 인생의 가치관, 사상, 철학의 대부분을 따지고 보면, 이 세상의 실체라기보다는 의견에 가깝다. 그리고 위의 그림에서 확인할 수 있는 것처럼, 세상의 모든 의견은 맞고 틀리다는 이분법으로 평가할 수 있는 문제가 아니다. 바라보는 관점과 시선의 차이에 따라 수없이 다양한 의견이 존재할 수밖에 없는 구조이기 때문이다.

내가 이 그림을 호텔의 임직원들과 자주 공유했던 이유는, 호텔에서 서로 다른 역할을 담당하고 있는 팀원들이 서로의 의견을 존중하고 경청했으면 하는 바람에서였다. 인력 집약적인 호텔 비즈니스는 다른 사업체에 비해 많은 사람들이 함께 일하다 보니, 갈등과 불협화음이 빈번하게 발생하게 된다. 특히 갈등은 서로 상반된 역할을 수행하는 부서들 사이에 더 두드러지기 마련이다. 예를 들어, 조금이라도 더 많은 비즈니스를 유치해야 하는 세일즈 부서는 때때로 무리한 요구들을 수용하면서, 고객 만족과 영업의 효율성을 목표로 하는 오퍼레이션 부서와 자주 부딪힐 수밖에 없다. 또한, 비용의 효율성을 극대화해야 하는 재경부 입장에서는 마케팅 부서나 영업 부서의 지출을 지속적으로 통제하고 관리할 수밖에 없는 입장이라, 인기 있는 부서가 되기는 어렵다. 결과적으로 이렇게 다른 목표를 수행하는 다양한 역할들 때문에, 조직 내의 타 부서에 대해 불만을 가지게 될 때가 많고, 그들 간에 합의가 이루어지지 않아 총지배인을 찾아오는 경우가 종종 있다.

아이러니하게도 이러한 부서 간의 갈등은 하나의 조직이 성공적인 결과를 만들어내는 데 결정적인 역할을 하는 긍정적인 갈등이다. 회사나 기업이 지속적으로 성장하기 위해서는, 매출 극대화, 비용 관리, 고객 관리, 인력 관리, 그 무엇에도 치우치지 않고 적당한 밸런스를 유지해야만 장·단기적인 성과를 극대화할 수 있기 때문이다. 문제는 이런 갈등이 지속적이고 반복적이기 때문에 조직

내의 화합과 팀원 간의 신뢰가 상처를 받을 수도 있다는 점이다. 그리고 조직 내의 화합과 팀원들과의 신뢰가 깨지게 되면, 그 조직에는 부정적인 에너지가 만연하게 되고, 결국 스트레스가 넘쳐나는 건강하지 못한 직장 분위기가 형성될 수밖에 없다.

그래서 나는 부임하는 호텔에서 강연할 때마다 앞의 그림을 통해, 서로 다른 역할과 미션을 수행하는 부서 간의 의견이 충돌하는 것이 당연하다는 것을 직관적으로 보여주면서, 팀원들 간의 갈등과 불필요한 감정적인 소모를 최소화하기 위해 노력했다. 내 자랑 같지만, 내가 부임했던 호텔들은 항상 팀원들 간의 관계가 원만했고, 구성원들의 만족도가 높았다. 마지막으로 일했던 호텔에서는, 직원 만족도 설문조사에서 99%라는 전례 없는 결과를 만들어내면서, 아코르 호텔 그룹 내에서 큰 화제가 되기도 했었다. 역할의 차이에서 오는 시각과 입장의 차이를 인정하면서 조직 내에 긍정적인 에너지가 흘러넘쳤기 때문이리라.

의견에는 옳고 그름이 있을 수 없다. 단지 다른 위치와 관점에서 같은 현상이나 이슈를 바라보고 다양한 시각에서 해석했기에 발생하는 것이 의견의 차이일 뿐이다. 하지만 안타깝게도 우리는 의견의 차이에 너무나 민감하고, 인색하고, 과격하게 반응한다. 내가 하는 일이 유튜브 운영이다 보니 개인적인 의견을 자주 개진하고, 그에 따른 반응을 지켜볼 수밖에 없는 입장이다. 5년 넘게 유튜버로 활동하면서 실감했던 안타까운 현상 한 가지는 정말로 사람들이 의견 차이 때문에 쉽게 상처를 받고, 화를 내고, 비난한다는 점이다.

하나의 주제나 이슈에 대해 서로 다른 의견을 가지고 있다고 해서 적이 될 이유는 없다. 아니, 오히려 나와 같은 시각과 관점을 가진 사람들보다는 내가 미처 가지지 못한 시각을 소유한 사람이야말로, 나의 사고와 인생을 풍요롭게 만드는 데 도움이 되는 친구가 될 수 있다. 우리는 이렇게 필연적인 의견의 충돌 과정을 감정적인 비난과 과격한 언어들로 어지럽히면서 상처를 주고받는다. 설사 당신의 의견이 철저한 논리로 무장되었다 하더라도, 상대방은 당신의 논리적인 의견이 들리지 않을 것이다. 왜냐하면 감정은 논리보다 훨씬 빨리 이동하기 때문에 늘 논리보다 앞서서 상대방에게 전달되기 때문이다. 감정이 이미 지배하는 상황에서 논리가 설 자리는 없다.

보스가 될 것인가, 리더가 될 것인가

호텔 총지배인이라는 직책은 리더인 동시에 매니저의 역할을 가지고 있다. 매니저라는 역할의 관점에서 보았을 때, 내가 했던 것처럼 일일이 직원 생일을 챙기거나 마주치는 직원들과 대화를 나누는 것은, 당장 그날 하루만 놓고 보면 내가 이끌고 있는 조직의 생산성이나 효율성에는 도움이 되지 않는다. 이것이 많은 '매니저'들이 '리더'가 되는 길을 포기하는 이유이다.

너무도 많은 유능한 매니저들이 중요하지 않은(?) 일에 시간을 낭비하지 않고 효율적으로 일한다. 예를 들어, 팀원들에게 이메일을 보낼 때는 격식을 차리지 않고 할 말만 한두 줄 적어 보낸다. 물론 회사의 성과에 도움이 되지 않는 직원의 생일 파티에도 참석하지 않는다. 간혹 현장을 돌아볼 때도 온화한 미소를 지을지언정 직원들과 말을 섞지 않는다. 가끔, 지나치듯 "How are you?"라며 질문을 던지겠지만, 직원들이 대답을 하기도 전에 그 자리를 떠나버리는 것이 보통이다.

이런 사소한 행동들 때문에, 그들은 오랜 시간 동안 매니저라는 직책을 가졌음에도 리더가 되지 못했다. 여기서 파행되는 문제가 하나 있다. 리더가 되지 못한 매니저들은 조직의 구성원들을 통제하기 위해, 결국 그들이 가진 유일한 도구인 타이틀에 의존하는 '보스'가 되어버린다는 것이다. 리더가 아닌 보스가 이끌고 있는 조직은 단기적으로 좋은 성과를 낼 수 있다. 그들의 장점인 효율성과 생산성 덕분이다. 하지만, 리더가 아닌 보스가 이끌고 있는 조직은 장기간에 걸쳐 안정적인 모습을 만들기 어렵다. 진정한 리더가 이끄는 조직처럼 한마음 한뜻으로 일사천리 움직이지 못하기 때문이다. 반면, 리더를 포함한 조직원 모두가 서로에 대한 믿음과 신뢰를 바탕으로 똘똘 뭉쳐있는 조직은, 흔들리지 않고 먼 길을 완주할 수 있는 힘이 있다. 특히, 예상치 못한 커다란 어려움이 찾아올 때 그들의 팀워크는 더욱 진가를 발휘하게 된다.

2020년, 그 누구도 예상하지 못했던 코로나 바이러스가 전 세계를 덮쳤다. 당시 내가 경영하고 있던 호텔 2곳 중 하나도 오너의 요청에 따라 잠정적으로 운영을 중단해야 했다. 다른 한 곳의 상황도 크게 다르지 않았다. 200개가 넘는 객실에서 10개도 채 판매되지 못하는 날이 대부분일 정도로 최악의 영업 상황을 겪게 되었던 것이다. 이렇게 호텔 매출이 평상시의 5%도 되지 않는 상황이 발생하자, 호텔 경영진에서는 인건비를 50%까지 줄여달라고 요청했다. 사실 호텔 두 곳 중 하나는 문을 닫고, 다른 하나 역시 비즈니스가 거의 전무한 상황에서 인건비 50% 감축 요청은 매우 관대하고 인도주의적인 결정이었다. 직원들과 함께 20년 넘게 호텔을 지켜왔던 오너의 배려였다.

그럼에도 불구하고 하루아침에 인건비를 50% 줄이는 과정은 만만치 않았다. 수백 명의 임직원 중에 50%를 해고해야 했다. 하지만 나는 이미 모든 직원들을 안고 간다는 지침을 세운 상태였고, 결과적으로 모든 임직원들의 임금을 50% 삭감하는 것이 유일한 대안이었다. 그러나 이것도 문제였다. 인도네시아는 아직 경제적으로 후진국이다. 호텔의 말단 직원들은 대부분 법정 최저 임금을 받고 있었는데, 한화로 환산하면 월급이 35만 원도 되지 않았다. 아무리 물가가 상대적으로 저렴한 인도네시아라지만 월 35만 원으로 가족을 부양하면서 생계를 유지하기는 불가능하다. 다행히 호텔 직원들은 매달 월급보다 오히려 금액이 많은 서비스 차지(Service Charge)를 받기 때문에, 최저 임금을 받으면서도 생활할 수 있는 구조였다.

하지만 코로나로 인해 호텔 비즈니스가 거의 전무한 시기였고, 그들의 생계를 지탱해 주었던 서비스 차지가 모두 사라졌다. 이런 상황에서 나는 직원 월급을 추가적으로 50% 삭감해야 하는 입장에 있었던 것이다. 내가 운영하던 노보텔 보고르(Novotel Bogor)는 인도네시아의 호텔 중에서 가장 강경한 노조가 활동하는 곳으로 알려져 있었다. 그래서 자칫 코로나의 공포감에 생계와 직결된 경제적인 문제까지 더해지면서 직원들 사이에 동요가 일어나고, 지역사회 전반으로까지 혼란스러워질 수 있는 위기 상황이었다.

처음에는 막막했다. 하지만, 마음을 추스르고 주어진 상황에서 단지 호텔의 최고 경영인이 아닌 커뮤니티의 리더라는 관점에서 문제를 해결해야겠다고 생각했다. 먼저 내 월급을 80% 삭감하면서 회사가 어려운 상황을 헤쳐나갈 수 있도록 임원들과 시니어 매니저들의 협조를 부탁했다. 다행히 나의 뜻을 헤아려준 모든 부서장들이 60%의 임금을 포기했고, 대부분의 일반 직원들도 급여의 40%만 삭감하여 오너의 요청인 50%를 맞출 수 있었다. 이렇게 모든 임직원이 고통을 분담하는 결정은 노조원들을 비롯한 전 직원들에게 긍정적으로 받아들여졌다. 인도네시아의 다른 호텔들에 비해서 우리 호텔은 빠르게 임금 삭감에 합의하여 비교적 수월하게 코로나 위기를 헤쳐나갈 수 있었다. 이렇게 불확실한 미래에 대한 공포감이 만연했던 위기 상황에서도 별다른 불협화음이나 갈등 없이 고비를 넘길 수 있었던 것은, 오랜 시간에 걸쳐 형성된 경영진과 팀원들 사이의 믿음 때문이었다.

믿음을 만드는 데 지름길은 있을 수 없다. 주위의 한 사람 한 사람을 내 가족처럼 아끼고 진심을 다해 인간적인 교류를 이어나가다 보면, 저축처럼 천천히 쌓이는 것이 믿음이다. 여러분이 가지고 있는 믿음의 계좌에는 얼마나 많은 예금이 쌓여있는지 스스로에게 물어볼 필요가 있다. 혹시, 나와 가장 가까운 가족과 직장 동료들을 상대로 마이너스 통장을 사용하고 있지는 않은지 가끔은 셀프 감사를 통해 나의 리더십을 점검해 보자.

춤추는 총지배인의 선택

코로나가 발병하기 전까지, 나는 아코르 호텔 그룹 내에서 춤추는 총지배인으로 유명했다. 마침 전 세계적으로 K팝 열풍이 부는 시대적인 추세와 맞아떨어지면서, 노보텔 보고르에는 직원들과 함께 춤을 추며 가깝게 어울리는 한국인 총지배인이 있다는 소문이 인도네시아 130여개의 아코르 계열 호텔들 사이에서 큰 화젯거리가 되었다.

내가 직원들과 처음으로 춤을 추기 시작한 것은 2017년 말레이

얼마 지나지 않아
직원들과 어울려 춤추는 시간은
일주일 중에서 가장 즐겁고 소중한 시간이 되었다.

시아 쿠칭에 있는 풀만(Pullman) 호텔에 부임했을 때였다. 말레이시아에서의 근무는 처음이라 출근 첫날 상당히 설레는 마음으로 호텔 사무실에 들어섰던 기억이 있다. 그런데 첫날부터 분위기가 이상했다. 새로운 총지배인을 맞이하는 임직원들의 태도가 그렇게 밝지 않았던 것이다. 분명히 예의를 갖추어 인사를 하는데, 미소를 짓거나 눈을 맞추는 직원들이 많지 않았다. 더더욱 이상했던 것은 첫 번째 부서장 회의에 참석했는데, 간부들조차 의기소침한 분위기를 내고 있었던 것이다. 그뿐만이 아니었다. 직원 통로를 오가며 직원들을 살펴봤더니, 나에게만 인사를 건네고 그들끼리는 서로 인사를 나누지 않는다는 걸 알아차릴 수 있었다.

나중에 알게 된 사실이지만, 내가 부임하기 전에 근무했던 총지배인은 직원들에게 두려운 존재였다고 한다. 불같은 성격에 화를 자주 내던 군주 같은 보스 밑에서 3년 이상 일하다 보니, 호텔 분위기가 그 모양 그 꼴이 되었던 것이다. 호텔 실적은 이러한 분위기를 그대로 반영하고 있었다. 풀만 쿠칭은 말레이시아에서 4번째로 큰 도시인 쿠칭에 위치해 있었고, 400개 가까이 되는 객실과 그 지역에서 가장 큰 그랜드볼룸을 갖춘 최고의 시설을 자랑하는 호텔이었지만, 호텔의 영업 실적은 경쟁 호텔들에 비해 10%포인트 이상 뒤지고 있었다. 일이 행복하지 않은 직원들이 근무하는 호텔, 직원 누구도 진심에서 우러나오는 미소를 띠고 있지 않는 호텔의 비즈니스가 엉망인 것은 너무나 당연한 일이었다.

　내가 풀만 쿠칭의 총지배인으로 임명된 이유 역시 부진한 호텔의 영업 실적을 향상시키기 위해 레비뉴와 세일즈&마케팅 출신의 총지배인을 선호했던 오너의 요청 때문이었다. 새로운 리더로서 내가 가장 먼저 해야 할 일은 호텔 마케팅이 아니라 직원들의 사기를 진작시키는 일임을 근무 첫 번째 주에 바로 직감했다. 그래서 나는 6개월이 넘는 기간 동안 대부분의 시간을 현장에서 직원들과 보냈다. 커다란 규모의 행사가 개최되어 호텔이 바쁠 때는 부서장들과 함께 뷔페 레스토랑에서 서빙도 하고, 연회장을 뒤집을 (새로운 연회를 위해 세팅을 다시 하는 일) 시간이 부족할 때는 직원들과 함께 의자와 테이블을 날랐다. 또한 그전에는 점심식사를 항상 호텔 레스토랑에서 혼자 했었는데, 풀만 쿠칭으로 옮긴 이후에는 호텔 레스토랑의 진수성찬(?)을 포기하고 대부분의 점심식사를 직원 식당에서 해결했다. 조금이라도 더 많은 시간을 직원들과 함께하며 마음의 벽을 허물고 싶었던 것이다.

　그렇게 직원들과의 유대감을 형성하면서 3개월 정도가 지났을 때, 나는 아주 기발한 프로젝트를 론칭했다. 호텔의 세일즈 부서 팀원들과 함께 호텔 '플래시몹(Flashmob)' 프로그램을 시작한 것이다. 풀만 쿠칭은 컨벤션 호텔이었다. 한 번에 3,000명까지 수용할 수 있는 연회장과 운동장만 한 호텔 로비를 가지고 있어, 대형 컨벤션과 컨퍼런스에 더할 나위 없는 시설과 조건을 가지고 있었다. 하지만 해마다 개최되는 대형 행사의 수는 20여개에 불과했고, 과거 예약 전환율을 따져보니 약 20%에 지나지 않았다. 다시 말해, 100여개의 비즈니스 리드에서 20개만 확정되고 나머지 80개는 다른 호텔에 빼앗기고 있는 상황이었다. 대형 행사를 개최하는 행사 주관자들은 보통 2~3곳의 호텔을 둘러보고 가장 마음에 드는 곳을 선정하기 마련이다. 풀만 쿠칭의 위치나 시설은 다른 호텔에 비해 뒤질 것이 없었기 때문에, 그들이 호텔을 둘러보러 오는 인스펙션 과정을 진행할 때 큰 인상을 심어줄 만한 '와우(Wow)'의 순간이 필요하다고 판단했다. 그렇게 해서 시작된 것이 풀만 쿠칭의 '플래시몹'이었다.

나는 매주 수요일 오후 3시부터 한 시간 동안 참여를 원하는 직원들과 함께 플래시몹 공연을 위한 연습을 진행했다. 총지배인이 직접 참여하는 프로그램인 만큼 많은 직원들이 함께 해주었다. 몇 달에 걸친 맹훈련(?)으로 퍼포먼스가 어느 정도 완성되고 나서는 호텔을 점검하기 위해 방문한 행사 관계자가 있거나 커다란 행사가 있을 때에는 어김없이 직원들과 함께 갈고 닦은 실력을 고객들에게 선보였다. 처음에는 20명 정도에 불과했던 참여자 수가 나중에는 40~50명을 넘어갔고, 그 해 말 호텔 오너에 대한 불만으로 사표를 제출할 때까지 우리는 10번이 넘어가는 공연을 고객들에게 선보이면서, 대형 행사의 예약 전환율은 50%에 육박하게 되었다.

플래시몹을 통해 만들어낸 가장 커다란 성과는 팀원들 사이의 분위기가 바뀌었다는 것이다. 총지배인을 위시하여 모든 부서장, 매니저, 직원들이 하나가 되어 춤추고, 서빙하고, 연회장을 준비하는 과정에서, 팀원들의 얼굴에 미소가 살아났다. 이렇게 나는 1년도 되지 않는 짧은 시간 동안 한 조직의 분위기, 나아가 문화를 바꾸는 소중한 경험을 만들 수 있었다.

나는 풀만 쿠칭을 떠난 이후에도 계속해서 직원들과 춤을 췄다. 처음에는 부끄러운 마음을 꾹 누르면서 시작한 '플래시몹'이었지만, 얼마 지나지 않아 직원들과 어울려 춤추는 시간은 일주일 중에서 가장 즐겁고 소중한 시간이 되었다. '똑똑한 사람은 최선을 다하는 사람을 절대 이길 수 없고, 최선을 다하는 사람 역시도 그 일을 즐기는 사람을 이길 수 없다'고 했다. 조직을 구성하는 한 명 한 명이 즐거운 마음으로 일할 수 있는 환경을 조성하는 것이 매니저로서 혹은 리더로서 해야 할 가장 중요한 일이 아닐까 한다. 여러분도 오늘부터 함께하는 직원들의 입가에 미소를 짓게 만드는 것을 첫 번째 목표로 삼아보는 건 어떨까.

나와 함께 일해야 하는 이유를 제공하라

풀만 쿠칭을 떠나 인도네시아로 다시 돌아왔을 때도 나는 주저 없이 '플래시몹'을 시작했다. 말레이시아 사람들과 마찬가지로 인도네시아 사람들도 천성적으로 흥이 넘치고 춤과 노래를 좋아하기 때문에 처음부터 반응이 뜨거웠다(?). 그래서 생각보다 수월하게 큰 호응을 얻어내며 매주 직원들과 함께 춤추고 부대끼며 새로 부임한 노보텔 보고르(Novotel Bogor), 그리고 이비스 스타일 보고르(Ibis Styles Bogor)를 누구나 일하고 싶어 하는 호텔로 만들어나갔다.

그리고 나는 진화했다(?). 말레이시아에서 시작했던 플래시몹과 더불어 GM클래스라는 새로운 프로젝트를 시작한 것이다. 'GM클래스'는 내가 노보텔&이비스 스타일 보고르에 부임하고 나서 호텔 임직원들을 위해 정기적으로 진행한 강의 프로그램이다. 처음에는 성공적인 호텔리어로 성장하기 위해 필요한 이론과 실전 경험이 강의 주제였다. 내가 호텔리어로서 경력을 쌓아왔던 분야인 '레비뉴 매니지먼트(호텔 객실 가격 관리)'를 비롯하여 세일즈, 마케팅, 재무제표 읽기, 고객의 컴플레인 해결법 등 실전에서 활용 가능한 다양한 주제를 통해 내가 쌓아온 노하우를 자발적으로 참여한 직원들과 공유했다.

프로그램이 장기간 진행되면서 주제는 리더십, 면접을 준비하는 법, 프레젠테이션 스킬 등 자기계발을 위한 다양한 분야로 확대되었다. 프로그램은 내가 직접 준비한 프레젠테이션과 Q&A를 함께 진행하면서, 대학 강의 형식으로 진행되었다. 매주 수요일 3시, 한 가지 주제에 대한 강의가 1시간가량 진행되었고, 바로 그 뒤를 이어서 플래시몹 연습이 이어졌다. GM클래스 역시도 대성공이었다. 처음에는 30~40명을 수용할 수 있는 미팅룸에서 진행했지만, 나중에는 호텔 행사가 없는 연회장을 이용해야 할 정도로 많은 직원들이 참석했다. GM클래스가 시작된 지 2년 차가 되자 입소문을 타면서 가끔은 다른 아코르 호텔의 직원들이나 주변에 있는 다른 브랜드의 호텔 직원들까지 강의를 듣기 위해 찾아올 정도가 되었다. 가끔씩은 다른 호텔의 총지배인들이 찾아와 참관할 정도로 GM 클래스는 유명세를 탔고, 나중에는 자카르타 지역에 있는 한 대학교의 호텔 경영학과 교수 요청에 따라 학생들을 상대로 유료 수업을 진행하면서 호텔의 매출에도 일부 기여할 수 있었다.

사실 GM클래스는 나에게도 커다란 의미가 있는 프로젝트였다. 20대 웨이터로 일하던 시절부터 평생의 꿈이었던 총지배인이라는 목표를 이루고 몇 해가 지나자 더 이상 이정표로 삼을 만한 목표가 없다는 사실 때문에 삶의 한 부분이 뻥 뚫린 듯했다. 아직 젊은 나이에 경력이 정체되는 상황이 찾아오자, 인생 전반적으로 활력이 떨어져버린 느낌이었고, 하루하루가 예전에 비해 지루하게 느껴졌다. 그래서 아직 한참 남아있는 인생의 후반부에 추구할 만한 새로운 미션을 나 자신에게 만들어주어야겠다는 생각을 하게 되었다.

고심 끝에 찾아낸 새로운 목표, 그것은 바로 다른 이들의 삶에 도움을 줄 수 있는 인플루언서가 되는 것이었다. 그때부터 나는 페이스북과 인스타그램, 링크인 등의 소셜미디어에 나의 삶과 생각들을 적극적으로 공유하기 시작했고, 동시에 오프라인에서 호텔 동료들의 경력 개발과 자기계발을 돕겠다는 취지로 론칭한 프로젝터가 바로 GM클래스였다.

이렇게 탄생한 GM클래스는 특히 젊은 직원들 사이에서 폭발적인 호응을 보였는데, 호텔리어라는 직업의 특성도 한몫했다. 호텔은 타의 추종을 불허하는 박봉과 쉽지 않은 근무 환경 때문에 이직률이 매우 높은 직군이다. 특히 업무 능력이 특출한 젊은 직원들은 승진의 기회가 찾아오거나 조금이라도 더 나은 조건의 일자리가 생기면, 쉽게 다른 호텔로 이직하는 문화가 만연했다. 그런 이유로 코로나가 찾아오기 전까지 3년 가까이 이어졌던 GM클래스는 젊은 인재들의 성장 욕구를 어느 정도 채워주면서 직원 만족도와 이직률 감소에도 적지 않은 기여를 했다.

2021년 아코르 호텔 그룹에서 실시했던 직원 만족도 설문조사에서는 내가 이끌고 있던 두 곳의 호텔 중 한 곳인 이비스 스타일 보고르 호텔이 100점 만점에 99점을 획득하면서 130개 넘는 인도네시아의 아코르 호텔 중에서 최고의 직원 만족도를 획득했다. 노보텔 보고르의 점수도 전년도에 비해 15%포인트 이상 향상되었는데, 이러한 직원 만족도의 향상은 호텔의 영업 실적에도 그대로 반영되었다. 코로나로 호텔 영업이 바닥을 치기 전까지 두 호텔의 매출 실적은 매해 최소 20~40% 향상되는 엄청난 결과를 '행복한 직원'들과 함께 만들어낼 수 있었던 것이다.

평생직장의 개념이 사라지고, 철새처럼 직장을 옮겨 다니는 사회 현상이 나타난 데는 회사 직원들을 소모품처럼 대하는 기업 문화, 그리고 부하 직원을 머슴 부리듯하는 꼰대 문화도 한몫했다. 앞에서 나는 팔로워가 없는 리더는 존재할 수 없다고 말했다. 팔로워를 만들어내고 지켜내는 전략 같은 것은 존재할 수 없다. 단지, 나와 함께해야 하는 이유를 그들에게 끊임없이 제공하면서 나에 대한 신뢰를 쌓아가는 것이 많은 사람들과 함께할 수 있는 유일한 비결이 아닐까 한다. 인재들을 지키고 싶은가? 나와 함께해야 하는 이유를 제공하라.

조직의 선택에 힘을 실어주는 스토리텔링

앞에서 나는 좋은 결정이란, 내려지는 것이 아니라 만들어가는 것이라고 말했다. 미래는 예측될 수 있는 것이 아니라 창조되는 것이므로, 어떠한 결정을 내렸느냐보다 더 중요한 것은 일단 결정이 내려지면 그것이 최선이라 믿고 긍정적인 에너지를 쏟아부어 성공할 수 있는 여건과 환경을 조성하는 것이다. 그렇게 되면, 성공 확률은 저절로 높아지기 마련이다. 또한 이러한 과정을 반복적으로 성공시켜 형성할 수 있는 '성공 습관'이 얼마나 중요한지에 대해서도 충분한 설명이 되었으리라 믿는다.

그렇다면, 개인의 성공에서 그 범위를 조금 더 넓혀서, 우리가 속해있거나 이끌고 있는 조직의 성공을 쉽게 이끌어낼 수 있는 비결도 존재할까? 물론이다. 먼저 앞에서 강조했던 것처럼 강력한 리더십이 존재한다면, 그 조직이 주어진 목표를 달성할 확률은 배가 될 것이다. 간단히 말하면 리더 입장에서 회사나 조직의 성공 확률을 높이기 위해 풀어야 할 숙제는 단 하나다. 어떻게 하면 조직원들에게 조직 차원에서 내린 결정에 대해 확신을 심어줄 수 있느냐 하는 것이다. 조직원이 우리 가족이 되었건, 우리와 함께 일하고 있는 동료, 상사, 팀원이 되었건 하나의 조직에 속해있는 모든 구성원들이 리더가 내린 결정이 최선의 선택이라고 확신하면서 결과를 창출하기 위해 몰입한다면, 그만큼 그 결정이 성공이라는 결과로 이어질 확률이 높아지기 때문이다.

그렇다면 조직원들을 상대로 조직의 결정을 납득시키고 확신을 심어줄 수 있는 방법은 무엇일까? 물론, 조직원들의 신뢰를 100% 받고 있는 강력한 리더가 존재하는 조직이라면, 리더의 말 한마디에 모든 구성원이 일사천리 움직이면서 좋은 결과를 만들어낼 수 있겠지만, 대부분의 경우 조직원들의 마음을 움직이기 위해서는 강력한 리더십 이상의 무언가가 필요하다.

내가 사용한 방법은 바로 '스토리텔링'이다. 스토리텔링이란, 리더로서 크고 작은 결정을 내릴 때마다 그 결정이 만들어진 배경과 이유를 상세히 설명하고, 그 결정이 가져다 줄 것으로 기대되는 미래의 결과를 하나로 묶어, 잘 짜인 한 편의 스토리를 만드는 과정을 말한다. 거기에, 완성된 스토리를 그 결정에 연관된 모든 사람들과 공유하고, 그들의 공감, 확신과 믿음을 얻어내는 과정까지도 포함한다.

호텔의 경영 책임자인 총지배인으로 일을 하다 보면, 매일 수많은 결정을 내려야 한다. 엄밀히 말하면, 결정을 내리는 당사자인 나 역시도, 각 결정이 어떠한 결과로 나타나게 될지 예측할 방법은 없다. 하지만 내가 내린 모든 결정에 대해 스스로가 납득할 만한 논리를 만들고, 그러한 결정이 만들어지게 된 주변 상황과 배경을 연결하여 각 결정들에 대한 스토리를 모든 관계자들, 즉 팀원들과 공유했다. 만약 스토리를 공유하는 과정에서 명쾌한 논리를 펼치기 어렵거나 매끄러운 스토리 전개를 해나가는 데 어려움을 겪는다면, 그것은 애당초 잘못된 결정일 가능성이 높았다. 그렇게 내가 내린 결정을 스스로 번복해야 하는 경우도 종종 있었다. 이런 식으로 나는 함께 일하는 임직원들에게, 내가 결정권자로서 내린 모든 결정에 대한 스토리를 공유하면서 팀원들이 나의 스토리를 비평할 수 있는 기회와 설득될 수 있는 기회를 동시에 제공했다.

이렇게 결정을 내릴 때마다 스토리텔링을 통해 관련자 모두의 공감대를 형성하고, 집단적인 확신과 믿음이 형성될 수 있다면, 그 조직의 모든 결정은 긍정적인 결과를 산출할 가능성이 높을 수밖에 없다. 또한, 이런 경험이 반복되다 보면 결국 그 조직은 '그래, 이번에도 우리 결정이 옳았어'라며 집단적인 성공 습관을 만들어나갈 수 있다. 물론, 실패에 익숙해져 있는 조직이라면, 일단 100% 성공할 수 있는 쉬운 미션부터 함께 성공해 나가면서 성공 습관을 형성하는 과정이 필요할 것이다.

개개인이 만들고 있는 결정도 같은 과정을 거쳐야 한다. 우리는 인생의 각 고비마다 결정을 하게 되는데, 모든 결정을 동물적인 직감으로 내리는 것이 아니라 자신이 납득할 만한 논리가 뒷받침되는 것이 중요하다. 그래야 나중에 상황이 어려워지더라도, 처음 결정을 내리게 한 논리의 건재함을 확인하면서 확신대로 밀어붙일 수 있다.

지금부터는 모든 결정과 선택의 과정에 스토리를 만들어보자. 좋은 스토리를 많이 만들어낼수록 좋은 결정을 지속적으로 만들어내는 자신을 발견하게 될 것이다.

긍정 에너지를 선택할 때, 삶도 달라진다

호텔리어 시절, 소위 '블랙리스트'라고 부르는 것을 두 번이나 받았다. 첫 번째는 인도네시아 발리 바로 옆에 위치한 롬복이라는 섬에 위치한 노보텔 롬복(Novotel Lombok)에 부임했을 때 받았다. 당시 인수인계를 해준 독일계 총지배인이 너무도 친절하게(?) 소위 문제 직원들의 명단을 전해준 것이다. 두 번째는 말레이시아의 풀만 호텔에서 근무하다가 다시 인도네시아로 돌아왔을 때 받았다. 노보텔 보고르 호텔에서 일을 시작할 때였는데, 그전의 총지배인 역시 부탁하지도 않았는데 비슷한 성격의 리스트를 만들어 건네줬다. 그는 스위스 사람이었는데, 그 호텔에서 3년이나 일하면서 수백 명의 임직원 중 자신을 가장 힘들게 했던 요주의 인물들을 리스트로 전해준 것이다.

결론부터 말하자면, 나는 리스트를 읽지도 않고 없애버렸다. 물론 나도 그 리스트에 적힌 이름들이 궁금했다. 하지만, 리스트를 열어보지 말아야 하는 이유는 너무도 많았다.

가장 먼저, 앞에서 언급했듯이 나는 매니저의 역할이 사람을 관리하는 것이라고 믿지 않는다. 조직에 문제가 발생한다면, 관련된 구성원 한 명 한 명에 관심을 집중하기보다는 내부 시스템을 들여다보고, 조직 문화나 근무 환경, 보고 체계, 운영 시스템 등 보다 근본적인 문제, 구조적인 이슈를 찾아 해결해야 한다고 믿는다. 따라서, 그 블랙리스트들은 나에게 있어 효용이 없었던 것이다.

두 번째로, 나는 모든 인간관계가 상대적이라고 생각한다. 이전의 총지배인과 잘 지내지 못했다는 이유로 나와의 관계도 좋지 못할 것이라고 단정해서는 안 된다는 것이다. 오히려 그 리스트에 이름이 올라가 있던 직원들 입장에서 볼 때, 총지배인이 바뀐다는 것은 그들의 직장 생활을 긍정적으로 바꿀 수 있는 새로운 기회로 활용되어야 한다.

마지막 이유가 가장 중요한데, 나는 부정적인 생각과 에너지 자체가 더 많은 부정적인 일들을 끌어들인다는 믿음을 가지고 있다.

호텔의 총지배인으로서 내가 임직원들을 위해 사용할 수 있는 시간에는 한계가 있었다. 그래서 나는 소중한 시간을 가장 효과적으로 사용하기 위해, 대부분의 시간을 일 잘하는 직원, 열심히 일하는 직원, 하나라도 더 배우고 싶어 하는 팀원들을 위해 할애했다.

우리 모두는 자신의 삶을 조금이라도 더 행복한 것으로, 또한 성공적인 것으로 만들기 위해 스스로에게 부여한 삶의 규칙들을 가지고 있다. 더 나은 삶을 살기 위한 자신만의 전략이라고 말할 수 있을 것이다. 나에게 있어 가장 중요한 삶의 전략은 이 세상 누가 봐도 옳다고 평가되는 세상의 기본적 원칙들에 입각한 삶을 살아가는 것이다. 두 번째로 중요한 나만의 규칙은 부정적인 에너지를 멀리하고 긍정적인 에너지에 집중하자는 것이다.

살다 보면 가끔은 좋지 않은 일들에 휩싸이게 되고, 우리를 힘들게 하는 사람들을 마주치게 된다. 어쩔 수 없다. 이렇게 어려운 일과 사람은 우리가 원하든 원하지 않든 존재하기 마련이다. 하지만 그러한 상황들에 어떻게 대처하느냐, 또 그런 사람들에게 어떻게 처신하느냐는 우리 자신의 선택이다. 나는 예전에 직장 생활을 할 때도 그랬고, 개인적인 삶에서도 나의 삶에 부정적인 영향을 끼치는 일과 사람들을 일일이 상대하지 않고 철저히 배제시켜 왔다. 유튜브를 운영하면서도 악성 댓글을 허용하거나 일일이 상대하지 않았던 이유도 같은 맥락에서다. 간혹 악플을 남기는 사람들과 싸

똑똑한 사람은
최선을 다하는 사람을 절대 이길 수 없고,
최선을 다하는 사람 역시도
그 일을 즐기는 사람을 이길 수 없다.

우고 논쟁하면서 지나치게 감정을 소모하는 유튜버도 있다. 심지어는 악플러와 법정 소송까지 가거나 스트레스로 유튜브 채널을 폐쇄하는 경우도 있다. 안타까운 일이다.

세상의 모든 에너지에는 당기는 힘이 있다고 믿는다. 우리가 자꾸 부정적인 생각을 하고, 부정적인 곳에 집중하고, 부정적인 사람들과 상호작용을 하다 보면, 부정적인 에너지가 내 삶을 지배하면서 좋지 않은 일들만 반복되고, 도움이 되지 않는 사람들만 주위에 모이게 될 가능성이 높다. 또한, 에너지는 전염성이 있다. 작은 부분이더라도 자꾸 부정적인 에너지를 삶에 끌어들이게 되면, 결과적으로 내 삶의 다른 부분에도 부정적인 영향을 끼치게 될 확률이 높다는 걸 기억해야 한다.

긍정적인 에너지가 넘치는 조직을 만들고 싶은가? 그렇다면, 이슈를 일으키는 직원이나 조직에 불만이 많은 팀원의 문제를 해결하는 데 집중하지 마라. 그럴 시간이 있다면, 열심히 일하는 직원, 일을 배우고 싶어 하는 직원들을 위해 당신의 시간과 에너지를 투자하라. 하나의 조직에 긍정적인 에너지가 가득하고, 팀원들의 얼굴에 웃음기가 가시지 않는 문화를 조성하게 되면, 소위 말하는 문제 직원들의 설자리가 없어진다. 혹시 여러분의 조직이나 삶에 암 같은 존재가 있다면, 그 사람에 집중하지 말고, 암 덩어리가 살아갈 수 없는 분위기를 조성해 보라. 부정적인 에너지는 긍정적인 에너지를 결코 이길 수 없다는 것을 기억하자.

사무라이 칼을 들고 찾아온
직원에 대한 소문

블랙리스트 이야기가 나온 김에, 인도네시아 호텔에 근무할 때 있었던 흥미로운 에피소드를 소개할까 한다. 2013년에 나는 인도네시아의 수도 자카르타에 있는 풀만 자카르타 센트럴파크(Pullman Jakarta Central Park) 호텔에서 부총지배인으로 근무하고 있었다. 그때 난생 처음으로 총지배인 포지션 제안을 받았다. 말단 때부터 꿈에 그리던 자리였기에, 묻고 따지고 할 것도 없이 바로 제안을 받아들였다. 그렇게 도착한 곳이 발리 바로 옆에 있는 롬복 섬의 노보텔 롬복이었다.

롬복에는 아직까지 문명사회의 혜택을 제대로 받지 못한 지역과 사람들이 존재했기 때문에, 인도네시아에서도 낙후된 지역으로 알려져 있다. 그 덕분에 천연 그대로의 아름다운 모습을 간직하고 있어, 관광지로서의 매력이 독보적인 곳이다.

사실 노보텔 롬복으로의 발령은 우리 부부에게 아주 특별한 의미가 있었다. 내가 한국의 아코르 체인 호텔에서 근무하던 시절, 우리 부부는 종종 아코르 호텔의 웹사이트를 방문했다. 세계 곳곳에 있는 아코르 계열 호텔들의 사진을 보며, 그곳에서의 삶을 꿈꾸곤 했던 것이다. 꿈은 이루어진다고 했던가? 정말 신기하게도 호텔 사진을 보면서 '이런 곳에서 나중에 일할 수 있으면 얼마나 좋을까?'라며 막연한 꿈을 꾸었던 곳 중에 하나가 바로 노보텔 롬복이었다. 거짓말처럼 그 꿈이 정말로 이루어졌다.

아무튼 그런 이유도 있었고, 생애 처음으로 총지배인 명함을 부여받으면서 우리 부부는 노보텔 롬복에서의 새로운 시작에 한층 마음이 들떠 있었다. 그런데, 인수인계를 하던 전 총지배인에게서 아주 무서운 이야기를 들었다. 그 독일 출신 총지배인에 의하면, 자기가 예전에 해고했던 직원이 있는데, 그 직원이 한동안 자기를 죽여버리겠다면서 사무라이 칼을 들고 찾아왔었다는 것이다. 그는 생명의 위협을 느껴 얼마 동안 발리 섬으로 피신했고, 결국 마을(인도네시아에서는 깜풍이라고 부른다) 어르신들이 개입하여 얼마의 합의금을 주고 나서야 그 일이 일단락되었다고 했다. 롬복에 도착한 지 단 하루 만에 이런 이야기를 듣고 나니 솔직히 겁이 났고, 아이들과 아내가 걱정되기도 했다. 총지배인이 되고 싶은 욕심에 가족을 이끌고 너무 엄한 곳까지 들어왔나 하는 후회도 밀려왔다. 그래서 아내가 걱정할까 봐 6개월이 넘게 혼자만의 비밀로 간직했다.

하지만 롬복에서의 삶은 평화롭고 아름다웠다. 우려했던 것과 달리 노보텔 롬복에서 근무한 2년 동안 호텔 직원들과 마을 사람들은 우리 가족을 너무나 따뜻하게 대해 주었다. 사무라이 칼을 들고 달려드는 직원도 없었을 뿐더러, 2년 후 말레이시아의 풀만 쿠칭으로 발령을 받아 옮기게 되었을 때는 많은 직원들이 가슴에서 우러나오는 눈물로 우리를 보내주었다. 노보텔 롬복에서의 마지막 근무날, 너무나 서럽게 우는 직원들의 눈물을 보면서 커다란 결심을 하게 된다. 성공적인 총지배인이 되기 위해 열심히 노력했지만, 더 좋은 리더가 되어주지 못했던 나 자신에 대해 반성하고 뼈저리게 후회한 것이다. 그 후 내가 어떤 모습의 총지배인, 어떤 모습의 리더가 되고 싶은지 확실하게 결심할 수 있었다. 이 특별한 경험은 새로운 리더를 넘어 새로운 사람으로 거듭날 수 있는 기회가 되었다.

나와 같은 장소에서 같은 사람들과 일했음에도 독일계 총지배인과 나의 경험이 이렇게 상반된 이유는 아주 사소한 차이에서 기인한다. 세상과 단절된 오지에서 살아가는 롬복의 사람들은 사실 여러 가지 단점을 가지고 있다. 교육 수준이 낮고 교양을 갖출 기회가 없었기 때문에 때로는 무례한 행동을 할 때도 있었고, 의사 표현에서도 세련되지 못하고 거친 부분이 있었던 것이 사실이다. 하지만 내가 기억하는 롬복 사람들과 호텔 직원들은 그렇지 않았다. 그들은 때 묻지 않고, 꾸미지 않고 솔직한, 조금은 어리숙하지만 순수함이 남아있는 따뜻한 사람들이었다. 그래서 그들과 함께 일했던 2년의 시간이 너무 좋았다. 롬복에서의 하루하루가 즐겁고 행복했다. 그들 역시도 그들의 리더가 자신들과 함께 일하고 살을 부대끼며 살아가는 하루하루를 진심으로 즐기고 있다는 것을 피부로 느꼈을 것이다.

진심은 어디에서나, 그리고 누구에게나 통한다. 모든 인간관계는 상호적이다. 인간적인 대우를 받고 싶다면, 먼저 진심에서 우러나오는 친절과 따뜻한 마음을 전달해야 한다. 나는 다른 사람의 사진을 찍어줄 때 특별한 습관이 있다. 나는 카메라를 보면서 포즈를 취하는 사람들을 향해 환한 웃음을 짓는다. 그러면 포즈를 취하는 사람들의 얼굴에도 마법처럼 미소가 나타나게 된다. 그래서 내가 찍은 사진 속 사람들은 늘 웃고 있다. 먼저 웃어라. 그러면, 다른 이들도 당신에게 웃어줄 것이다.

윈-윈만이 살 길이다

여러분은 유튜브를 거의 매일 시청할 것이다. 유튜브 플랫폼에는 무려 1억 1,500개의 채널이 있고, 27억 명이 넘는 사람들이 매일 약 10억 시간 동안 50억 개의 콘텐츠를 소비한다. 유튜브 대성공의 이유는 단 하나, 바로 윈-윈(Win-Win)이다.

유튜버의 수입은 대부분 유튜브 영상에 삽입되는 광고에서 발생한다. 여러분이 유튜브 영상을 시청할 때 영상의 앞부분이나 중간에 광고가 등장하는데, 유튜브를 소유하고 있는 구글은 광고에서 발생하는 수입의 55%를 크리에이터와 공유한다. '유튜브 파트너 프로그램(YouTube Partner Program, YPP)'이라고 불리는 수입 공유 구조로, 2007년부터 시행했다. 지금은 대부분의 플랫폼들이 비슷한 메커니즘을 적용하고 있기 때문에, 이러한 수입 공유가 별일 아닌 것처럼 느껴질 수 있기만, 이러한 협업 형태가 발표되었을 때는 그야말로 센세이션을 불러일으켰다. 그러한 결정이 지금의 유튜브를 만들었다고 해도 과언이 아니다. 유튜브를 통해 콘텐츠를 공유하면 그 영상에서 발생하는 광고 수입의 반 이상을 크리에이터가 가져갈 수 있다는 소문이 퍼져나가면서, 전 세계 최고의 이야기꾼들이 유튜브에 모여들었기 때문이다. 콘텐츠를 소비하는 소비자 입장에서도 마찬가지였다. 유튜브에 가면 전 세계 최고의 크리에이터들이 올려놓은 재미있고 유익한 영상이 계속해서 업데이트된다는 이유로, 사람들은 여가 시간의 많은 부분을 유튜브와 함께 보내기 시작했다. 전 세계 광고주들이 유튜브에 몰려들기 시작한 것은 당연한 결과였다.

개인이든 기업이든 유튜브처럼 지속 가능한 성장을 만들어나가기 위해서는 나 혼자 잘 살겠다는 생각을 접어야 한다. 나에게만 유리한 관계는 그것이 인간관계가 되었든 기업 간의 계약이 되었든 결코 장기적으로 유지될 수 없기 때문이다. 나 역시 평생 남들과의 경쟁에서 이겨내는 방법만 배워왔던 세대였기 때문에 결코 쉽게 다가오는 콘셉트는 아니었다. 하지만 해외에서의 거주 기간이 길어지면서, 언제부터인가 '윈윈' 마인드를 가지게 된 것이 내가 호텔리어로서 성공할 수 있었던 가장 커다란 이유 중 하나였다.

일단 나는 호텔 총지배인으로서, 열심히 일하는 직원들에게 어떻게 보상할 수 있을지 끊임없이 연구하고 고민하는 리더였다. 그 결과 탄생한 것이 직원들을 위한 교육 프로그램인 GM클래스와 직원들의 사기 진작을 위한 '플래시몹 댄스' 프로그램이었다. 또한, 내가 이끌고 있는 호텔에서는 해마다 20% 가까운 직원들을 승진시켰다. 열심히 일하면 반드시 보상이 돌아온다는 건강한 직장 문화를 조성하기 위해서였다. 또한, 행복한 직원이 고객을 행복하게 만들 수 있다는 나의 확고한 믿음 때문이었다. 이러한 경영 방식의 효과는 호텔의 뛰어난 영업 실적으로 증명되었다. 내가 총지배인으로 일했던 4개 호텔은 늘 매출과 영업 이익이 25% 이상 늘어났다. 이렇게 매출이 늘어나면서, 결과적으로 직원들의 서비스 차지(통상 매출의 10%)도 자연 증가했고, 행복한 직원들이 더욱 행복해지는 선순환이 반복되었다.

'윈윈'을 추구했던 나의 경영 방식은 납품업체들과의 관계에도 고스란히 반영되었다. 나는 협력업체 대표들과는 의도적으로 미팅이나 사적인 네트워킹을 하지 않았다. 호텔이 제공하는 상품의 특성상 수십 개의 공급업체와 협업하면서 소위 '갑'의 위치에 있는 것이 호텔 경영진이다. 그래서 나는 의도적으로 납품업체들과 사적인 관계를 만들지 않으면서 오직 업체들이 제공하는 상품의 품질과 가격을 기준으로 납품업체를 결정했다. 공정한 경쟁이 가능한 건강한 비즈니스 환경을 만들기 위한 나의 작은 노력이었다.

노동 집약적인 호텔 비즈니스, 특히 해변가나 섬, 산악지대 등의 오지에 위치한 호텔들은 지역 사회에서도 커다란 역할을 한다. 지역 사회 전체의 경제 상황이 대형 호텔 하나의 영업 상황에 좌지우지되는 경우가 많기 때문이다.

인도네시아 롬복섬에 위치한 노보텔 롬복에서 근무할 당시에 있었던 재미있는 일화를 공유해 볼까 한다. 노보텔 롬복은 아름다운 프라이빗 비치를 가지고 있는 파라다이스 같은 곳이다. 하지만, 내가 부임하기 전부터 경영진을 괴롭혀왔던 고질적인 문제가 있었는데 바로 '비치 셀러(Beach Seller)'라는 존재였다.

노보텔 롬복은 바다와 야자나무밖에 없는 오지에 위치한 리조트였다. 근처 마을 사람들은 주로 농사를 지으면서 생계를 유지했는데, 형편이 그리 넉넉하지 못했다. 그들 중 일부는 호텔에 숙박하는 외국인을 상대로 코코넛 열매나 직접 만든 팔찌와 목걸이 같은 것을 판매하면서 생계를 이어갔는데, 문제는 그 수가 수십 명에 이른다는 것이었다. 그림 같은 해변에서 휴식을 취하고 싶은 호텔 고객들은 하루에도 수십 번씩 '비치 셀러'들을 상대해야 했다. 그들 중 일부는 세일즈 마인드(?)가 투철한 탓에, 물건을 사주기 전에는 주변을 떠나지 않는 경우가 허다했다. 그래서 노보텔 롬복의 트립

어드바이저(Trip Advisor) 페이지에는 언제나 비치 셀러에 대한 컴플레인이 넘쳐났다. 보안 직원들이 수시로 체크하고 감시하기는 했지만, 생계가 달려있는 절박함을 이겨낼 재간은 없었다. 이 문제는 노보텔 롬복이 들어선 이후 20년 가까이 지속되어 왔으며, 그 어떤 총지배인도 효과적인 해결책을 찾아내지 못했다.

내가 노보텔 롬복에 부임한 지 6개월도 지나지 않아 이 문제는 완전히 사라졌다. '윈윈'을 바탕으로 만든 한 가지 아이디어 때문이었다. 나는 비치 셀러들의 수장이라고 할 수 있는 Chief of Village(한국으로 치면 마을 이장)를 만나 비치 셀러들이 노보텔 비치에서 하루에 판매하는 코코넛과 팔찌의 개수를 파악했다. 하루 종일 호텔 고객들을 괴롭히면서도 그들이 판매하는 코코넛은 약 20여개에 불과했고, 팔찌 역시 10개 이상을 파는 경우가 거의 없었다. 그래서 나는 제안을 했다. 호텔과 비치 셀러 사이에 계약을 맺고, 호텔 비치에 단 한 명의 비치 셀러도 보이지 않는 날에는 호텔에서 코코넛 30개와 수제 팔찌 30개를 구입하겠다는 조건을 제시한 것이다. 대신, 가격은 그들이 손님들에게 판매하는 가격보다 50% 가까이 저렴한 가격으로 공급받기로 했다. 이 계약이 체결된 후 비치 셀러들은 더 이상 보이지 않았다. 보안 요원들이 감시할 필요도 없었다. 호텔이 구입하기로 한 코코넛 30개와 팔찌 30개를 판매하기 위해 그들 스스로가 서로를 감시했기 때문이었다.

호텔 입장에서도 비용 낭비는 아니었다. 저가에 구입한 코코넛을 호텔 조식 메뉴에 추가했고, 고객들의 반응도 좋았다. 코코넛은 특급 호텔 조식에서도 보기 힘든 특별한 메뉴였기 때문이다. 얼마 되지 않는 비용으로 이국적인 분위기와 호텔 조식의 업그레이드를 만들어낼 수 있었다.

하루에 30개씩 구입한 팔찌는 체크인 게스트를 위한 웰컴 기프트로 활용했다. 하나에 500원 정도에 공급받은 팔찌에는 'Novotel Lombok'이라는 문구가 새겨져 있었고, 호텔에 도착하자마자 기대하지도 않았던 팔찌 선물을 받는 고객들은 즐거운 마음으로 휴가를 시작할 수 있었다.

이렇게 '윈윈' 마인드는 관련된 모든 사람들에게 지속 가능한 성공을 제공한다. 많은 사람들이 '윈윈'을 절충안과 혼동하며, 쌍방이 조금씩 양보하면서 중간 지점에서 해결책을 찾는 것이 '윈윈'이라고 착각한다. 서로가 조금씩 양보하는 것은 '윈윈'이 아니라 '로스트-로스트'(Lost-Lost)다. 진정한 윈윈은 '어떻게 하면 상대방에게 도움을 줄 수 있을까? 동시에 나에게도 도움이 될까?'라는 고민에서 시작해야 한다. 나만 잘 되기 위해 노력하다 보면, 결국 나도 망하게 된다.

다시 태어나도 호텔리어가 될 것이다

2021년 9월, 나는 22년간 달고 살았던 호텔리어라는 명찰을 떼버렸다. 마지막으로 함께했던 임직원들과 호텔의 오너들은 전업 유튜버가 되겠다고 짐을 싸는 총지배인을 위해 성대한 작별 무대를 준비해 줬다. 그래서 내 기억 속 인도네시아의 마지막은 나를 포함한 모두의 눈물로 얼룩진, 슬프고도 아름다운 모습이다.

수십만 명을 대상으로 나의 생각과 감정을 표현할 수 있고, 수만 명의 공감을 이끌어낼 수 있는 유튜버라는 타이틀을 지키기 위해, 나는 평생을 꿈꿔 왔고 행복의 시간을 누리게 해준 총지배인이라는 이름을 포기했다. 드넓은 세상을 향해 나의 목소리를 마음껏 퍼뜨릴 수 있는 '인플루언서'라는 직업도 너무 사랑하기 때문에, 내 결정에 대한 후회는 없다. 하지만, 나는 다시 태어나도 호텔리어가 되고 싶다. 거기에는 4가지 이유가 있다.

첫 번째 이유는 조금 세속적이다. 호텔 업계에서는 누구에게나 성공의 기회가 열려있다는 사실 때문이다. 나는 뿌린 대로 거둘 수 있는 환경을 좋아한다. 공평한 세상에 대한 동경이 있다는 말이다. 어린 시절 학업 공부를 게을리하지 않았던 이유도, 공부라는 노력의 대가는 시험 제도를 통해 드러난다는 구조적인 매력이 있었기 때문이다. 어린 내 눈에도 세상의 많은 일들이 불공평해 보였지만, 적어도 공부를 열심히 하면 성공의 기회를 잡을 수 있을 것 같았다. 호텔 업계가 그렇다. 다른 직종에 비해 성공 가능성이 높다. 적어도 공평하다. 얼마나 똑똑하고, 좋은 학교를 나오고, 좋은 교육을 받았는가보다는, 얼마나 많은 노력을 하느냐에 따라 정당한 평가를 받을 수 있는 곳이다.

솔직히 말해, 호텔에서의 대부분 일은 많은 전문성이나 스킬, 심오한 지적 능력을 필요로 하지 않는다. 그래서 호텔리어는 소위 말하는 3D(Difficult, Dangerous, Dirty)에 속하는 인기 없는 직종이다. 사람의 마음은 다 똑같다. 호텔 직원으로 다른 사람의 시중을 드는 것보다는, 호텔 고객이 되어 대접을 받으면서 살고 싶은 것이 인지

상정이다. 그렇기 때문에 호텔 업계에 종사하는 사람들은 다른 직종에 비해 직업에 대한 자부심이 부족한 편이다. 어릴 때 의사, 변호사, 교수를 꿈꾸는 사람은 많겠지만, "나는 호텔 웨이터로 일할 거야!"라고 말하는 사람은 드문 것이 사실이다. 그래서 호텔리어는 오히려 성공 확률이 높다. 승진과 성공을 위해 잔머리 굴려가며 애쓰지 않아도 호텔리어라는 직업에 애착과 자부심을 가지고 있다면, 누구나 성공할 수 있다. 처음에는 조금 고되고 힘들지만, 우직하게 할 일을 하다 보면, 그 노력이 빛나게 된다. 나는 직장 생활의 대부분을 외국에서 했지만, 언어의 약점을 극복하고 결국 총지배인 자리에까지 올라섰다. 이른바, '뿌린 대로 거둔다'가 통용되는 곳이 호텔 업계라는 것을 보여준 산 증인이랄 수 있다. 그래서 나는 다시 태어나도 호텔리어가 되고 싶다. 바닥에서 시작해서 최고 경영자의 자리까지 올라간 성취감을 다시 느껴보고 싶기 때문이다.

두 번째 이유는 호텔리어가 되면 인생이 글로벌해진다는 점이다. 호텔리어가 되면 전 세계 어디에서나 일할 수 있는 기회가 열린다. 나 역시도 22년이라는 직장 생활을 하는 동안, 총 6개의 국가, 9개의 도시를 옮기면서 살아왔다. 다른 업계에서 일하는 사람들은 꿈꾸기 어려운, 호텔리어만이 누릴 수 있는 최고의 특권이라고 생각한다.

세 번째 이유가 정말 중요한데, 호텔리어라는 직업은 내가 보다 나은 인간으로 성장할 수 있게 도와주었다. 그렇지 않은 곳도 많겠지만, 대개의 경우 직장에서 성공하기 위해서는 경쟁에서 이기거나 동료들보다 더 많은 성과를 올려야 한다. 즉, 개인적인 역량에 의해 성공이 결정된다는 것이다. 호텔리어로서의 성공 역시 개인의 역량이 중요한 것은 마찬가지지만, 그게 다가 아니다. 호텔은 기본적으로 사람 자체가 가장 중요한 상품이자 서비스의 주체이다. 잘 곳이 없어서, 먹을 음식이 없어서 호텔을 찾는 사람은 없다. 사람들은 집에서 잘 때보다, 집에서 밥 먹을 때보다 조금 더 특별한 경험을 맛보기 위해 호텔을 찾는다. 따라서, 호텔에서 가장 중요한 것은 럭셔리한 객실과 맛있는 음식이 아니라, 그 안에서 일하고 있는 사람들의 미소다. 그렇기 때문에, 사실 호텔에서의 고객 만족도는 호텔 도착 후 가장 처음 10분, 체크인 과정에서 반 이상이 결정 나게 된다. 진실된 미소로 반갑게 고객을 맞이하는 리셉션 직원이야말로 호텔 객실이나 음식보다 100배는 더 중요하다. 이렇게 수백 명의 고객과 또 다른 수백 명의 직원들이 호텔 공간에서 만나, 편안하지만 특별하고 기억에 남을 만한 경험과 추억을 함께 만들어간다.

호텔리어의 가장 중요한 자질은 아름다운 외모도, 유창한 영어 실력도 아니다. 엉뚱하게 들릴 수 있겠지만, 호텔리어의 가장 중요한 자질은 인간으로서의 자질, 즉 인간성이라고 생각한다. 호텔리어로서의 성공은 고객의 마음, 그리고 함께 일하는 동료의 마음을 얼마나 잘 얻을 수 있느냐에 따라 결정된다. 그리고 개개인의 기술적 역량보다는 다른 사람들과 얼마나 잘 어우러져 함께 일할 수 있느냐로 판가름난다. 고객도 그렇고, 동료들도 그렇고, 다른 사람들의 믿음과 신뢰를 얻어야만 성공할 수 있는 곳이 호텔이다. 이런 직장에서 20년 넘는 세월을 보내면서, 나는 끊임없이 좀 더 나은 인간이 되기 위해 나 자신을 채찍질할 수밖에 없었다.

내가 다시 태어나도 호텔리어가 되고 싶은 마지막 이유는 행복한 인생을 꾸려나갈 수 있기 때문이다. 앞에서 설명한 것처럼, 행복은 외로움, 슬픔, 즐거움, 괴로움과 마찬가지로 하나의 감정이며, 감정은 자극이 있어야 형성된다. 사람들은 행복이라는 감정이 자극이 아니라, 자신이 가지고 있는 부나 지위 같은 상태에서 온다고 착각하기 때문에 행복에서 점점 멀어지는 삶을 살아가는 경우가 많다. 세계적인 부자인 일론 머스크가 2022년 11월 트위터를 인수하고 나서 하루에 17시간씩 일한다는 기사가 나왔다. 세계적인 부자들은 왜 그동안 모아놓은 돈을 흥청망청 쓰면서 편하게 살지 않고 계속해서 일하는지 궁금하지 않은가? 바로 행복하고 싶기 때문이다.

세계적인 부자라 할지라도 새로운 자극이 존재하지 않으면, 행복이라는 감정을 만들어낼 수 없기에, 그들 역시도 새로운 목표를 세우고, 끊임없이 새로운 도전을 시도하면서 새로운 자극들을 생성해 내고 있는 것이다. 그래서 나는 행복이라는 감정을 지속적으로 혹은 자주 느끼기 위해서는 긍정적인 자극을 자신에게 빈번하

내 앞의 모든 사람에게 '진심'을 다하라.

그것만이 가족 내에서, 친구들 사이에서, 직장에서,
당신이 존경받는 리더로서
인정받을 수 있는 유일한 방법이다.

게 선물할 수 있는 직업이나 삶의 방식을 선택해야 한다고 믿는다. 그리고 호텔리어라는 직업은 22년의 직장 생활 동안 나에게 성장이라는 자극, 성취라는 자극, 만족이라는 자극을 끊임없이 선물해 주었다.

이렇게 많은 이유들 때문에, 나는 다시 태어나도 꼭 호텔리어가 되고 싶다. 여러분은 다시 태어나서도 하고 싶은 그 무언가를 하고 있는가?

PART 3

또 다른 무대,
내일을 향해 걷다

남들이 뭐라 해도 나의 길을 열다

살다 보면 태클을 걸어오는 사람들을 만나게 된다. 특히, 오랫동안의 농경사회 속에서 집단주의적 문화가 발달한 아시아에서는 남들의 간섭과 오지랖으로 인해 적지 않은 정신적 고통을 겪는 경우도 경우가 빈번히 발생한다. 이렇듯 삶에 불필요한 스트레스를 주는 남들의 태클을 피하는 방법 혹은 신경쓰지 않는 방법이 있을까? 어떻게 하면 남들의 간섭과 평가로부터 자유로워질 수 있을까?

확실한 처방이 존재하기는 한다. 바로 삶의 원칙에 따라 살아가는 것이다. 전 세계에서 통용되는 본질적인 인간의 핵심 가치에 중심을 두고 살아간다면 자유로워질 수 있다. 살고 있는 지역이 어디건, 함께 어울리는 사람들이 누구건 간에, 옳다고 생각하는 삶의 원칙에 따라 우리의 행동과 태도를 맞추어 살아가면, 다음과 같은 3가지 혜택을 누릴 수 있다.

첫째, 이 세상의 그 누구도 삶의 원칙에는 반기를 들 수 없다. 가령, "넌 너무 친절해!", "넌 너무 예의가 바른 것 같아!", "넌 너무 정직해", "넌 너무 이타적이야"라는 말을 들어본 적 있는가? 삶의 원칙을 기준 삼아 살면, 나의 행동에 태클을 걸 사람이 없으니 타인의 눈치를 볼 필요가 없어진다. 여기서 타인의 눈치를 보지 않는다는 말은, 남들의 의견에 관심을 두지 않는다는 말이 아니다. 원칙에 입각한 삶에 익숙해지면, 타인의 의견에 휩쓸리거나 상처받을 일이 적기 때문에, 좀 더 열린 마음으로 다른 사람의 의견에 귀를 기울일 수 있게 된다. 삶에 대한 기준이 확실히 정립되면, 다른 사람의 의견에 옳고 그름이 있을 수 없다는 것을 알게 된다. 경험을 통해 확립된 관점으로 세상을 바라보면 의견 차이에 의연하게 대처할 수 있게 된다.

둘째, 더 이상 타인의 눈치를 볼 필요가 없으니, 갈수록 자존감이 높아지고 항상 자신감이 넘치는 모습을 갖게 된다. 자존감이나 자신감이 부족하다는 것은, 자신의 모습이나 삶의 철학에 대한 확신이 부족하다고 볼 수 있다. 내가 잘하고 있는지, 내 생각이 맞는지, 내가 좋은 결정을 한 것이 맞는지에 대한 확신이 없기 때문에 자신감이 떨어지고 자존감이 부족하다는 말이다. 그렇기 때문에, 자신감이 부족한 사람일수록 다른 사람의 시선에 너무 신경쓰지 말고, 삶의 원칙에 입각한 인생을 살아보라고 권하고 싶다. 나의 생각과 행동이 누구도 반박할 수 없는 삶의 원칙에 바탕을 두고 있다면, 더 이상 자신에 대한 확신이 없어서 생기는 불안은 사라질 것이다.

마지막으로, 삶의 원칙에 입각해서 살면 인생의 궁극적인 목표인 행복이나 성공에 좀 더 쉽게 다가갈 수 있다. 인생은 선택과 결정의 연속이다. 인생은 쉽게 말해 매일, 매 순간 우리가 만들고 있는 크고 작은 선택과 결정들의 집합체라고 정의할 수 있다. 원칙에 바탕을 둔 삶을 살아간다는 것은 결국 삶의 원칙에 따라 결정을 만들어간다는 말과 일맥상통한다. 그렇게 되면, 우리가 내리는 결정과 선택은 아주 자연스럽게 사회적인 분위기나 집단의 압력에 따라 흔들리지 않고 원칙에 입각한 일관성을 가질 가능성이 높다. 이렇게 삶의 원칙에 입각한 최선의 선택과 결정은 최선의 결과를 불러올 수 있다. 좋은 결정은 좋은 결과를 불러올 가능성이 커진다는 말이다.

더 중요한 것은 결정에 대한 결과는 아직 정해지지 않았다는 점이다. 우리가 매일 만들고 있는 선택과 결정에 대한 최종 결과는 결국 우리 스스로 만들어가는 것이다. 미래는 예측되는 것이 아니라 창조되는 것이기 때문이다. 하지만, 원하는 결과물을 만들어내기 위해서는 자신이 만든 선택과 결정에 대한 신뢰와 확신이 필요하다. 이것이 삶의 원칙에 입각한 선택과 결정을 내려야 하는 중요한 이유 중 하나다.

나는 2009년부터 약 4년 반 정도 한국에서 직장 생활을 했다. 그 생활에 염증을 느끼고 해외 진출을 결심했는데, 당시 주위 사람들의 반대가 정말 심했다. 가족과 나에게 더 나은 삶, 더 행복한 삶을 선물하고자 어렵게 내린 결정이었지만, 주위 사람들은 이 같은 나의 결정을 그들의 관점에서 평가하고 해석하려 했다. 심지어 회사에서는 '은혜도 모르는 배은망덕한 놈'이라는 험한 말까지 했다. 지금 생각해 보면, 나와 정말 가깝거나 중요한 사람도 아니었는데, 왜 그렇게까지 내 인생에 참견하고 압력을 행사했는지 모르겠다. 어쨌든 나는 그러한 집단주의적 압력에 휩쓸리지 않고, 내가 만들어놓은 원칙에 따른 결정을 했고, 그 이후 지금까지 꿈을 꾸는 듯한 행복한 삶을 영위할 수 있었다. 또한, 인도네시아로 이주한 지 만 2년 만에 총지배인 자리에 올라서면서 커리어 측면에서도 성공적인 결정임을 스스로 입증해 냈다.

2021년 호텔 총지배인 자리를 포기하고 전업 유튜버가 되기로 마음먹었을 때도 마찬가지다. 가족을 비롯한 주위 사람들은 나의 결정이 사회적 통념에 어긋난다는 이유로 나의 결정을 긍정적으로 바라보지 않았다. 심지어 '미주은' 채널의 구독자 중에서도 내 결정을 걱정스러운 시선으로 바라보는 사람들이 많았다. 왜 안정적인 총지배인 자리를 포기하고 불안정적인 유튜버의 길을 선택하느냐는 의견이 대부분이었다. 하지만 '다른 사람들이 나를 어떻게 평가하는가?', '사회적으로 나는 어떠한 위치에 있는가?'는 내가 인생의 방향을 설정하는 데 가장 중요한 고려 대상이 아니었다. 나의 결정은 오로지 나와 내 가족들이 나의 결정으로 인해 더 행복해질 수 있을지, 우리 아이들의 미래에 더 도움이 될 수 있을지, 우리의 삶이 더 윤택해질 수 있을지를 고민하고 만들어진 것이다. 삶의 원칙에 입각한 또 한 번의 결정이었던 셈이다.

챗바퀴처럼 반복되는 일상을 살아가다 보면, 특히 한국인 특유의 성실함으로 너무 열심히만 살아가다 보면, 우리에게 정말 중요한 것이 무엇인지 잊어버리는 경우가 많다. 가끔은 잠시 멈추어 서서 스스로와 대화를 나눌 필요가 있다. 지금 바로 종이와 펜을 꺼내 들고, 내 인생에서 가장 중요한 것과 중요한 사람의 리스트를 만들어보자. 당신은 지금 종이에 쓰인 것들과 사람들을 위해 살아가고 있는가?

새로운 길을 택한 자가
성공의 기회를 잡는다

5년이 넘는 동안 1,900편이 넘는 영상들을 유튜브로 공유하면서 많은 말실수를 해왔다. 그중 유튜버 초창기에 가장 많이 했던 실수는, 바로 '다르다'와 '틀리다'를 혼용한 것이다. 변명 같지만 내 잘못이 아니다. 지금은 어떤지 모르겠지만, 적어도 우리 세대는 '다르다'와 '틀리다'를 별다른 구분 없이 사용했었다. 그래서 "제 생각은 틀린데요"라는 표현을 너무도 자연스럽게 구사하면서 살아왔다.

언어적 표현은 언어 자체로만 끝나지 않는다. 하나의 언어는 그 언어를 사용하는 사람들의 사고방식과 행동 양식, 사회적 통념까지도 반영한다. 그런 의미에서 '다르다'와 '틀리다'를 혼용해서 사용해 왔다는 사실은 시사하는 바가 크다.

지금이야 많이 달라졌지만, 한국의 학교는 아주 오랫동안 사지선다형 문제의 정답을 빨리 찾기 위한 훈련소에 불과했었다. 다시 말해, 우리 세대가 최소 12년 이상 하루의 절반 가까운 시간을 투자했던 학교라는 장소는 모든 학생들이 같은 정답, 같은 생각, 같은 사고를 가질 수 있도록 개성을 죽이는 현장이었다. 그렇게 정확하게 짜맞춰진 각본에 의해 훈련된 우리 사회에서는 다른 것이 곧 틀린 것이었다.

'다르다'는 결코 부정적인 의미의 '틀리다'와 혼용해선 안 된다. '틀리다'는 말이 존재하기 위해서는 '맞다'라는 말이 전제되어야 하는데, 도대체 무엇이 맞고 무엇이 틀리다는 것인가? 맞고 틀림의 기준은 누가 정하는 것인가? 대다수가 생각하는 방식은 맞고, 그것과 다른 생각은 모두 틀리다는 말인가?

대다수의 생각과 다른 것을 틀리다고 간주했던 부끄러운 사회적 분위기 때문에, '다르다'와 '틀리다'는 오랫동안 혼용되었던 것이다. 이제는 바꿔어야 한다. 다르다는 것은 기존의 것과 비교해 새롭다는 의미가 될 수 있다. 새로운 것은 더 흥미로울 수 있고, 더 재미있을 수 있고, 더 효율적이고, 더 생산적일 수 있다. 그렇기 때문에, 새로운 것을 계속 받아들여야 지금보다 더 발전할 수 있다.

미국주식 투자에 관련된 유튜브 채널을 운영하면서 미국에 있는 세계적인 기업들에 대해 많은 공부를 했다. 물론 나도 자산을 증식하기 위해 시작한 미국주식 투자였지만, 이제는 우리가 살아가는 세상을 끊임없이 바꾸고 있는 미국 기업들을 따라가는 재미에 푹 빠져버렸다.

실제로 불과 4~5년 사이에 세상의 모습이 참 많이 변했다. 코로나로 인해 어쩔 수 없이 사용하기 시작했던 줌을 통한 미팅이나 화상 통화가 이제는 더 이상 낯설지 않게 되었다. 사람들은 이제 마트에 가는 대신 쿠팡이나 아마존에서 쇼핑을 하는 경우가 많아졌다. 주말이면 미어터지던 영화관들은 텅텅 비어가고, 사람들은 거실 소파에 앉아 넷플릭스나 디즈니플러스를 통해 영화를 감상한다. 그뿐인가? 불과 몇 년 전만 해도 공상과학 영화에서나 볼 수 있었던 인공지능이나 로보틱을 일상생활이나 공장에서 사용할 수 있게 되었다. 특히 2023년은 AI, 인공지능 원년이라고 부를 수 있을 정도로, '인공지능'이라는 단어가 세간의 화제를 몰고 왔다. 2022년 11월에 출시된 자연어 처리모델 인공지능인 챗GPT의 등장이 그 시발점이 되었고, 정말 눈 깜짝하는 사이에 우리는 이미 인공지능과 대화를 나누는 첫 번째 세대가 되어버렸다.

아직까지 챗GPT나 구글 제미나이 같은 생성형 인공지능에 대해 부정적인 시각을 가지고 있는 사람들도 많다. 최근 들어, 학생들 중 일부 얼리어답터(Early Adopter)들은 이미 인공지능을 이용해 과제를 제출하고, 보고서를 작성하고, 각종 프로젝트에까지 적극적으로 활용하는데, 이런 모습을 보면서 '사기(Cheating)다!'라고 비난하는 사람들도 간혹 보인다. 정정당당하지 못하다, 공평하지 못하다는 것이 비판의 핵심이다.

하지만 내 생각은 좀 다르다. 인류의 역사는 단 한 번도 공평하거나 공정한 방향으로 진화해 온 적이 없기 때문이다. 사실 공정이라는 잣대를 놓고 보면, 남들은 다 뛰어다닐 때 자동차를 타고 다니고, 남들이 활을 사용할 때 총을 들고 전쟁터에 나오는 것 자체도 맞지 않다. 남들이 주판을 퉁기고 있을 때 계산기를 두드리는 것도 공정하지 않았으며, 남들은 손으로 편지를 쓰고 보고서를 작성할 때 이메일을 쓰거나 워드 프로그램을 사용하는 것도 공정한 게임에 위배되는 행위라 할 수 있었을 것이다. 하지만 세상은 공정한 방향으로 나아가는 것이 아님을 기억해야 한다. 인류 역사상 커다란 성공을 만들어낸 사람들은 모두 과거에 집착하지 않는 미래 지향적인 사람들이었다. 익숙한 루틴에 만족하거나 타협하지 않고, 조금은 어렵고 불편하더라도 새로운 것에 관심을 가지고 먼저 접근한 사람들이 가끔씩 찾아오는 성공의 기회를 가장 먼저 잡을 수 있었다.

게다가 한 가지 달라진 점도 있다. 과거와 달리 우리가 살고 있는 시대에는 이러한 성공의 기회들이 넘쳐난다는 점이다. 세상이 너무도 빨리 진화하고 있기 때문이다. 전화기라는 인류 최고의 발명품을 5,000만 명의 사람들이 사용하는 데 걸린 시간은 75년이었다. 그 뒤에 등장한 라디오가 5,000만 명의 사용자를 확보하는 데는 38년이 걸렸고, TV는 13년이 걸려서야 5,000만 명의 사용자가 생겼다. 하지만 세상이 진화하는 속도는 기하급수적으로 빨라지고 있다. 인터넷은 등장하고 단 4년 만에, 페이스북은 3년이 조금 넘는 동안 5,000만 명의 사용자가 나타났다. 그렇다면, 가장 최근에 등장한 챗GPT는 어떨까? 2022년 11월 출시 이후 챗GPT의 사용자는 단 5일 만에 100만 명을 넘어섰고, 등장한 지 6개월 만에 1억 명이 넘는 사용자를 확보했다. 2025년 9월 기준으로, 챗GPT의 주간 활성 사용자(Weekly Active Users)는 8억 명을 넘어섰으며, 챗GPT 서비스(chatgpt.com)의 웹사이트 월간 방문 횟수는 2025년 8월에 58억 회를 돌파하며 사상 최고치를 기록했다(출처: Voronoi, Similarweb, 2025년 8월 데이터).

이런 상황에서도 챗GPT를 사용하는 것은 사기에 가깝다며 세상의 흐름을 비판하는 구시대 어른(소위 꼰대)으로 살아갈 것인가? 기억하자. 새로움은 곧 기회다!

악플이 없는 이유

가끔씩 내가 운영하는 '미국주식으로 은퇴하기' 채널에는 악플이 없다고 채널의 건전한 분위기를 칭찬하는 분들이 있다. 반대로, '미주은' 채널의 댓글 창은 운영자에 대한 좋은 말들로만 도배된 종교 집단 같다고 비꼬는 댓글러도 볼 수 있다. 이 정도는 약과다. 아주 심한 경우에는, '미주은' 운영자는 본인을 조금이라도 헐뜯는 댓글이 있으면 바로 삭제해 버리는 '악마' 같은 존재라고 나를 상종도 못할 인간으로 비하하는 댓글도 있었다.

‘미주은’ 채널에 악플이 존재하지 않는 이유는, 운영자인 내가 보는 족족 삭제해 버리기 때문이다. 더 나아가 나는 악성 댓글을 삭제하는 데 그치지 않고 유튜브에서 크리에이터들을 보호하기 위해 마련한 툴을 최대한 활용해 인신공격을 하거나 지나친 표현을 사용하는 모든 악플러들을 영구히 차단시킨다. 이 대목에서 하고 싶은 질문은, 이러한 나의 행동은 위에 언급했던 악플러가 지적했던 것처럼 ‘악마’와 같은 모습인가 하는 것이다.

개인적으로 유튜브 채널을 운영하는 데 가장 중요한 것은 크리에이터 자신의 만족감과 행복이라고 생각한다. 사실, 이 기준은 내가 유튜브라는 사이버 공간을 위해 특별히 마련한 것이 아니라, 지금까지 살아오면서 항상 지켜나가고 있는 하나의 룰이라고 할 수 있다. 인생은 너무도 짧고 소중해서, 굳이 하고 싶지 않은 일을 억지로 해가면서, 혹은 함께하고 싶지 않은 사람들과 굳이 어울려 가면서 시간을 낭비할 수는 없다. 그래서 나는 22년 동안 직장 생활을 하면서 만족하지 못하거나 행복하지 않은 일을 억지로 하면서까지 직장에 얽매였던 기억이 없는 것 같다. 물론 단 하루도 직장 생활에 염증을 느끼지 않았다거나 직장에 대한 불만이 없었다는 것은 아니다. 하지만 직장에서 불합리한 대우나 합당한 보상을 받지 못한다고 느껴질 때는 지체 없이 시정을 요구하거나 다른 곳으로 이직을 했다. 물론, 이렇게 당당한 모습을 유지하기 위해서는 이 사회에 잘 적응하지 못한다는 조롱, 자기밖에 모르는 이기적인 인간이라는 비난도 받아들여야 한다. 또한, 내가 몸담고 있는 회사나 집단에 꼭 필요한 존재가 되어야만 가능한 일이기도 하다. 능력이 있어야 한다는 말이다. 회사나 집단에 특별한 가치를 제공해 줄 수 없는 사람은 결코 당당하게 목소리를 높일 수 없기 때문이다.

인간관계도 마찬가지다. 이 세상에는 거의 80억 명이나 되는 사람들이 함께 살아가고 있다. 안타깝게도 우리는 그 수십억의 사람들 중에 수십 명, 많아야 수백 명의 사람들과 사소한 인연이라도 만들어볼 수 있는 기회를 갖는다. 그 얼마 되지 않는 사람들 중에서 가장 친한 친구도 만들고, 평생 함께할 배우자도 찾아야 하니, 확률적으로 봐도 절대 선택의 폭이 넓은 상황은 아닌 셈이다. 이렇게 불합리한 확률적 상황을 감안하게 되면, 나를 함부로 대하는 사람들, 나의 행복을 방해하는 사람들, 나의 자존감을 상하게 하는 사람들에게까지 나의 소중한 인생을 공유하거나 피 같은 시간을 할애할 필요가 없다는 것이 너무도 자명하다. 그래서 나는 지금까지 살아오면서 내가 행복해지는 데 방해가 되는 사람들은 철저히 배제해 왔다. 그런 사람들을 상대하는 데 낭비되는 시간과 에너지를 소중히 모아 나를 아끼고 사랑하는 사람들을 위해 사용하는 것이, 몇 명 되지 않는 내 인생의 서포터들에 대한 최소한의 예의라고 생각한다.

어떻게 보면 너무나 당연하고 합리적인 나의 인간관계 방식을 부정적으로 해석하고 평가하는 사람들이 한국 사회에는 많이 존재했다. 하지만 내 인생을 내가 원하는 방식으로 끌고 나가고, 내가 원하는 사람들과 만들어나가는 모습은 절대 이기적이거나 자기중심적인 것이 아니다. 내 눈에는, 그렇게 하지 못하는 사람들이 오히려 이상해 보인다.

유튜브를 운영하면서도 기준은 명확하다. '과연, 악플을 남긴 사람들이 내 앞에서도 같은 말을 할 수 있을까?'가 내가 가진 판단 기준이다. 또 하나, '댓글에 있는 그 말을 내 앞에서 직접 했다면, 나는 그 사람을 상대했을까 아니면 무시했을까? 나는 그 사람이 내 인생의 울타리 안으로 들어올 수 있게 허락했을까?'라는 질문을 '미주은' 채널의 접근을 차단시키는 기준으로 삼고 있다. 앞으로도 나를 불행하게 만드는 사람들을 내 온라인 인생에 포함시킬 생각이 추호도 없다. 유튜브 역시도 이제는 내 인생의 커다란 한 부분이기 때문이다.

함께해서 행복하지 않은 사람들과 여러분의 소중한 인생을 공유하지 않았으면 한다. 그 사람이 직장 상사이건, 당신에게 도움을 줄 수 있는 영향력 있는 사람이건, 당신의 인생을 불행하게 만드는 사람은 여러분의 인생에서 철저히 차단하는 것이 현명하다. 그래야, 당신에게 정말 소중한 사람들을 위해 사용할 수 있는 에너지와 시간을 확보할 수 있다.

원하는 삶을 선택하는 데 늦은 때란 없다

네이버 인물 검색에서 '작곡가 최진'을 검색하면 나와 아주 비슷하게 생긴 사진이 등장하는데, 그는 내가 사랑하는 동생이다. 동생은 '시간에 기대어'라는 꽤 유명한 가곡을 작곡했다. 뜬금없이 동생 얘기를 꺼내는 이유가 있다. 동생은 내가 만나본 사람 중에서 가장 드라마 같은 인생 여정을 만든 사람 중 한 명이기 때문이다.

내가 영국에서 직장 생활을 시작했던 2000년대 초반, 어머니에게서 연락이 왔다. 나보다 3살 어린 동생이 막 군대에서 제대를 했는데, "복학을 하지 않겠다", "지금부터라도 음악을 공부하겠다"고 우기는 바람에 부모님의 걱정이 태산이었던 모양이다. 그래서 큰 아들을 통해 작은 아들을 설득해 보고자 지원 사격을 부탁한 것이다. 동생은 중고등학교 시절에도 공부에 별 관심이 없었다. 성적도 반에서 중간 정도였는데, 고3이 되더니 갑자기 정신을 차려서 간신히 4년제 대학의 무역학과에 진학했다. 그렇게 어렵게 들어간 대학을 중퇴하겠다고 선언했으니 부모님 입장에서는 애간장이 타들어가는 것이 당연했다.

내 생각은 약간 달랐다. 동생은 공부에 흥미도 없었고 학과가 적성에 맞지 않는 듯했다. 어렸을 때부터 음악을 좋아해서 악기도 잘 다루고, 대학에 진학해서도 학교 밴드에서 리드보컬을 맡을 정도로 음악에 끼가 있었다. 하지만, 시기를 놓쳐도 너무 놓친 감이 있었다. 보통 음악으로 성공하는 사람들을 보면, 아무리 늦어도 중학교 때부터 기초를 쌓으면서 꿈을 키워나가는 것이 일반적이었기 때문이다. 그럼에도 불구하고, 나는 동생의 결정을 존중했다. 비록 20대 중반에 시작하는 음악이지만, 자기가 정말 사랑하는 일을 하면서 살아가는 것이 중요하다는 것을 누구보다 잘 알기에, 그 무모한 결정을 응원해 주기로 마음먹은 것이다. 그 이후 동생은 저녁부터 밤 시간까지는 카페나 호프집에서 라이브 음악을 하면서 학비를 모으고, 주독야경(?)을 통해, 결국 동아방송예술대학 작곡과에 입학했다. 학교를 졸업한 동생은 바로 한서대학교 작곡과에 편입했는데, 졸업할 때까지 단 한 번도 전액 장학금을 놓친 적이 없을 정도로 늦깎이 대학 생활을 참 열심히 했다.

내가 영국에서 신혼 생활을 만끽하고 있던 2005년도에 동생이 전화를 했다. 영국으로 유학을 오고 싶다는 것이다. 한국에서 음대 교수가 되고 싶은데, 그러기 위해서는 외국에서의 석·박사 학위가 필수라고 했다. 형의 입장에서야 당연히 힘이 닿는 데까지 도와주고 싶었다. 다행히 나는 좋은 사람과 부부의 연을 맺은 덕분에, 동생은 지체 없이 바로 형과 형수가 사는 영국으로 날아올 수 있었다.

우리 부부는 호텔리어라는 직업 특성상 박봉에 시달리고 있었지만, 방 하나 내주는 건 큰 문제가 아니었다. 하지만 더 큰 문제가 있었다. 동생의 영어 실력이었다. 중고등학교 때 공부를 제대로 하지 않은 동생의 영어 실력이 좋을 까닭이 없었다. 어학원에 가면 보통 Advance, Intermediate, Beginner로 나뉘는데, 내 동생은 Beginner의 가장 아래 단계에서 시작해야 하는 수준이었다. 설상가상으로 동생은 이미 서른 살을 넘어서고 있었다. 아무리 열심히 노력해도 영어는 하루아침에 정복될 수 있는 관문이 아니었다. 그래도 동생은 포기하지 않았다. 낮에는 영어학원에서 공부하고, 밤에는 런던 빅토리아 역에 있던 스시 가판대에서 열심히 일하는 생활을 3년 가까이 했다. 그렇게 어학연수를 마치고, 동생은 결국 영국의 킹스톤 대학원에 입학했다. 3년 전만 해도 영어를 한마디도 못하던 동생이 영국의 대학원에서 공부하는 모습을 지켜보는 경험은, 그 이후 내 인생에도 많은 자극과 도움을 주게 된다.

이렇게 우여곡절 끝에 영국에서의 석사 공부를 마치고 한국으로 돌아간 동생은 1년간 자신의 모교인 동아방송예술대학에서 외래 강사로 일하다가 2011년에 이르러 오랜 시간 꿈꿔왔던 교수 자리를 얻게 된다. 무역학과를 중퇴하고 음악 공부를 시작한 지 딱 10년이 되었을 때였다.

세상에는 스스로의 모습에 만족하지 못하는 사람들이 참 많아 보인다. 하지만 그들 중 다수는 인생에 만족하지 못하면서 인생을 바꾸려는 시도는 잘 하지 않는다. 인생을 바꿀 수 없는 이유와 핑계들은 너무나 많다. 새로운 시도를 하기에는 나이가 너무 많아서, 가진 돈이 없어서, 부양할 가족이 있어서, 영어를 못해서 등. 물론 그것들이 쉬운 문제는 아니다. 하지만 인생을 바꾸는 일이 어떻게 쉬울 수 있겠는가? 어떻게 하루아침에 인생이 달라질 수 있겠는가?

앞으로는 대부분의 사람들이 100년을 넘게 사는 시대가 도래할 것이다. 그렇게 되면, 우리의 직장 생활 혹은 생산 활동 역시 그만큼 길어질 가능성이 높다. 100년이나 되는 인생 동안 하기 싫은 일을 억지로 하면서 살아가고 싶은가? 정말 그렇게 살아갈 자신이 있는가? 또 하나 중요한 문제는, 100년이나 되는 시간이 주어졌는데, 자신이 가진 꿈 하나를 제대로 이루지 못해서야 되겠는가? 인생에서 가장 소중하고 파워풀한 도구는 바로 시간이다. 그리고, 현시대를 살아가는 대부분의 사람들은 이전 세대에 비해 그 강력한 힘을 가진 시간을 추가로 선물받고 있다. 이 얼마나 큰 축복인가? 미래는 예측하는 것이 아니라 만들어가는 것임을 기억하자. 또 하나, 이제 우리에게는 원하는 미래를 만들어나갈 시간 역시 충분히 남아 있다는 것을 인정하자. 그리고 그 시간을 이용해서 자신이 원하는 삶을 직접 만들어나가자.

유튜버, 매혹과 현실 사이의 선택

교육부와 한국직업능력연구원이 발표한 '2023년 초·중등 진로 교육 현황조사' 결과에 따르면, 초등학생이 가장 선망하는 직업 4위가 '유튜버'였다. 다른 나라 사정도 크게 다르지 않다. 2024년 OnFocus News가 진행했던 설문조사 결과에 따르면, 미국 초등학생 사이에서도 유튜버가 6위를 차지했다고 한다. 유튜버로 활동하고 있는 내가 보기에도 유튜버라는 직업은 참 매력적이다. 일단, 전 세계의 수많은 사람들을 대상으로 자신의 이야기를 공유하고,

그들과 교감할 수 있다는 점은 유튜버만이 누릴 수 있는 최고의 혜택이다. 거기서 더 나아가, 본인의 의지와 콘텐츠의 성격에 따라 불특정 다수의 청중을 대상으로 그들의 인생에 선한 영향력을 행사할 수 있다는 점은 웬만한 직업에서는 느낄 수 없는 커다란 직업적 보람을 가져다준다.

그뿐만이 아니다, 시간과 장소에 구애 없이 일할 수 있기 때문에, 평범한 직장인의 삶에 비해 훨씬 더 자기 주도적이고 자유로운 삶을 영위할 수 있다는 장점도 분명히 존재한다. 나 같은 경우에는 아이들이 아직 어리기 때문에 아이들이 성장하는 모습을 고스란히 함께할 수 있다는 점이 유튜버라는 직업이 주는 최고의 선물이 아닌가 생각한다. 그 정도의 혜택이 있었기에 그토록 사랑했던 총지배인이라는 직업을 포기하고 전업 유튜버가 된 것이다.

유튜버라는 직업 역시 여러 가지 어려움과 단점을 가지고 있다. 그 부분에 대해서는 대중들에게 잘 알려지지 않은 것 같다. 먼저, 유튜버라는 직업은 일종의 자영업이다. 20년 넘게 직장 생활을 했던 사람으로서, 자영업을 한다는 것이 얼마나 어려운 일인가를 지난 3년 동안 경험을 통해 알게 되었다. 일단 직장 생활에 비해 가장 어려운 점은 시작과 끝이 없다는 것이다. 직장인은 퇴근시간이 5시든 7시든 일단 회사를 벗어나면 일에 대한 걱정과 짐을 완전히 내려놓을 수 있다. 게다가 일주일에 이틀은 직장에서 완전히 벗어날 수 있는 기회가 주어질 뿐만 아니라, 1년에 몇 주간은 일에 대해 아무런 걱정 없이 휴가도 다녀올 수 있다. 하지만 유튜버의 일은 시작과 끝이 없다. 24시간 중 잠자는 시간을 제외하고는 대부분의 시간을 콘텐츠 제작이나 구상을 위해 사용해야 한다. 취미 생활이라면 모를까 생계형 유튜버라면 깨어있는 시간 동안 다음 콘텐츠를 위한 창작 과정 속에 머물러 있어야 한다. 실제로 우리 가족은 '미주은' 채널을 개설한 이후 3년 이상을 제대로 된 휴가 한번 다녀오지 못했다. 그래서 유튜버라는 직업은 모든 사람에게 적합하지 않다. 하루 종일, 그리고 365일 새로운 영상을 위해 끊임없이 리서치하고 고민하고 콘텐츠를 만들어가면서도 그 과정을 괴로운 일로 생각하지 않고 즐길 수 있는 사람만이 유튜버를 직업으로 선택하는 것이 맞다.

유튜버로서의 삶이 주는 또 하나의 어려운 점은 불확실성이다. 유튜버라는 직업은 다른 자영업과 마찬가지로 사업의 굴곡이 있다. '미주은' 채널만 해도 구독자 수가 지속적으로 늘어나다가, 2022년 주식시장이 하락장으로 돌아서면서 1만 명 이상 줄어들기도 했다. 유튜브에서 발생하는 수입도 최고점과 비교하면 4분의 1 수준으로 감소했다가, 이제야 50% 수준으로 회복한 상황이다. 따라서, 유튜브에서 발생하는 광고 수익을 유일한 수입원으로 삼기에는 삶의 안정감이 많이 떨어질 수 있다. 유튜브 수입이 줄어들더라도 견딜 수 있는 경제적인 여유가 있거나 다른 수입원을 만들어놓아야 마음 편하게 창작 활동에 집중할 수 있다. 나의 경우에도, 유튜브에서 발생하는 수입은 이제 전체 수입에서 매우 작은 부분을 차지한다. 2023년 6월 론칭한 '미주은' 유료 멤버십, 그리고 시킹알파, 초이스스탁과 협업을 진행하면서 들어오는 수입이 큰 부분을 차지하고 있고, 가끔 비즈니스 컨설팅을 하면서 만들어내는 부가적인 수입이 넉넉했기에, 커다란 경제적 어려움 없이 유튜버로서의 창작 활동을 지속할 수 있었다.

경제적인 부분만 감당할 수 있다면, 수많은 사람들과 소통하면서 자유로운 삶을 살아갈 수 있다는 점에서 유튜버는 한 번쯤 도전해 볼 만한 가치가 있다. 게다가 유튜브의 수입은 통상적으로 업로드해 놓은 영상이 많아질수록 기하급수적으로 성장하는 것이 보통이다. 일단, 채널을 구독하는 시청자의 수는 예외적인 경우가 아니라면 시간이 지나면서 증가하기 때문에 어제보다는 오늘, 오늘보다는 내일의 클릭 수와 광고 수입이 늘어난다. 더욱 중요한 것은 누적 효과다. 과거에 올렸던 영상들과 최근 영상들의 클릭 수가 더해지면서 클릭 수는 날이 갈수록 증가하는 시스템이 구축될 수 있다는 말이다. 최상의 경우, 더 이상 새로운 영상을 업로드하지 않아도, 누적된 영상만으로도 지속적인 수입을 기대할 수 있다는 매력을 가진 플랫폼이 바로 유튜브다. 이렇게 많은 사람들이 꿈에 그리는 '패시브 인컴(Passive Income)'이 가능하다는 점이 유튜버라는 직업의 가장 커다란 매력이 아닐까 한다.

안타깝게도 '미주은' 채널은 예외적인 경우에 속하는데, 바로 콘텐츠의 '분야' 때문이다. 경제나 정치적 주제, 혹은 뉴스를 다루는 콘텐츠는 시의성이 존재한다. 같은 내용이라도 언제 방송되느냐에 따라, 시청자들의 관심이 크게 달라질 수 있다는 말이다. 심지어는 하루만 지나도 콘텐츠의 가치가 떨어지는 경우도 많은데, 이것은 경제나 주식 시장을 다루는 유튜브 채널만이 가지고 있는 비애인 셈이다. 그렇기 때문에, '미주은'의 경우 어제 5만 뷰가 나왔다고 해도 새로운 영상을 게시하지 않으면, 오늘은 단 5,000뷰도 달성하지 못할 수 있다. 그렇기 때문에, 지난 5년 동안 2,000개가 넘는 영상을 업로드했지만, 그보다는 오늘 업로드하는 하나의 영상이 더 중요한 수입 구조를 가지고 있다. 엄밀히 따져서 패시브 인컴을 만들기는 불가능한 시스템을 가지고 있는 것이다.

물론 장점도 존재한다. 경제나 투자 콘텐츠를 소비하는 시청자들은 상대적으로 수입이 높은 프로파일을 가지고 있기 때문에, 다른 유튜브 채널에 비해 광고 단가가 훨씬 높을 수 있다. 또한, 경제 분야에서는 새로운 소식이 쉴 새 없이 업데이트되기 때문에 영상 소재에 대한 고민은 상대적으로 적다.

여러분이 유튜브 채널 개설을 계획하고 있다면, 두 마리의 토끼를 모두 잡을 수 있는 분야를 선택하기 바란다. 즉, 콘텐츠의 생명은 길면서도, 고소득 시청자를 확보할 수 있고, 또한 콘텐츠에 활용할 주제가 넘쳐나는 영역을 찾아보라는 말이다. 이 조건을 만족하는 분야는 생각보다 많다. 여행 콘텐츠나 맛집 소개, 운동, 건강, 어학 공부, 자기계발 등의 카테고리가 여기에 해당된다. 이 분야들 중에 여러분이 즐겁게 콘텐츠를 만들 수 있는 주제를 선택하면 될 것이다. 미래의 유튜버, 여러분의 건투를 빈다!

유튜브 성공의 문을 여는 3가지 열쇠

유튜버로 성공하기 위해 필요한 성공 방정식이 존재할까? 결론부터 말하자면, 확실히 존재한다. 2020년 6월, '미주은'에 첫 번째 영상을 올렸을 때도 그랬고, 지금도 나는 딱 3가지 역량만 갖추고 있으면 누구나 대형 유튜버로 성공할 수 있다고 믿는다.

대형 유튜버가 되기 위해 필요한 첫 번째 역량은 '프레젠테이션 스킬'이다. 앞에서 자세히 쓴 것처럼, 자신을 제대로 표현할 수 있는 능력은 유튜브의 성공뿐 아니라 행복하고 성공적인 삶을 만드는 데 매우 중요한 필수 스킬이다. 경제 전문가도 주식 전문가도 아닌 내가 미국주식 전문 유튜브 채널을 단기간에 성장시키고 지금까지 지켜올 수 있었던 것은, 20년 넘게 직장 생활을 하면서 완성해 온 나만의 프레젠테이션 스킬이 큰 몫을 했다고 믿는다.

유튜버 모두가 최고의 전문가일 필요는 없다. 전문가들은 이미 공중파 방송에도 넘쳐나기 때문이다. 유튜브 시청자들이 원하는 것은 대학 교수나 박사들의 전문적인 지식이 아니다. 그 주제가 무엇이건, 우리가 알고 있는 선에서 우리의 생각과 감정을 여과 없이, 진정성 있는 목소리로 표출하는 것이 가장 중요하다. 우리가 가지고 있는 생각과 의견, 신념과 믿음을 가슴에서 우러나오는 목소리로 거침없이 표현할 때 사람들은 그 목소리에 귀를 기울이고, 재미와 감동을 느끼게 된다. 재미와 감동이 있는 유튜브 채널만이 성공할 수 있다. 전문성도 없는 유튜버가 재미와 감동도 안겨줄 수 없다면, 그 채널을 좋아하는 사람이 없는 것은 당연한 결과가 아닐까?

유튜버로 성공하기 위해 필요한 두 번째 자질은 열정이다. 나는 노력이라는 단어를 그다지 좋아하지 않는다. 우리가 좋아하지 않는 일에 대해서도 억지로 짜낼 수 있는 것이 노력이기 때문이다. 유튜버로 성공하기 위해서는 노력만으로 충분하지 않다. 정말 이 일이 너무 좋아서, 너무 재미있어서, 힘든지도 모르고 미친 듯이 달려갈 수 있는 열정이 있어야만 성공할 수 있다.

유튜브를 개설하고 나서 처음 15개월 동안 나는 투잡을 뛰었다. 호텔 총지배인으로서 하루 8시간 이상 직장 생활을 하면서, 동시에 1일 1영상을 업로드하는 유튜버로 활동하던 그 시절이 내 인생을 통틀어 가장 재미있었다. 그때는 매일 새벽 3시에 일어나서 두 시간 정도 그날 영상에 언급될 미국주식 뉴스를 선정했다. 보통 20~30개 정도의 기사를 속독한 후 마음에 드는 기사가 발견되면, 웹페이지에서 바로 사용할 수 있는 하이라이터로 밑줄을 쫙 긋는 일을 꼭두새벽부터 진행했는데, 그때는 꼭 고3 수험생이 된 기분이었다. 그날 방송에 사용될 기사들이 추려지면 일단 간단히 샤워를 하고 카메라 앞에 앉았다.

방송 녹화는 빠르면 1시간, 길면 2시간 정도가 소요되었는데, 어떨 때는 출근 시간에 쫓겨 준비한 기사를 다 커버하지 못하고 방송을 마무리하는 경우도 종종 발생했다. 호텔에 출근해서도 투잡 생활의 고단함은 멈추지 않았다. 오후 5시, 늦어도 6시에는 칼퇴근을 해야만 퇴근 후에 영상 편집과 유튜브를 업로드할 시간을 확보할 수 있었기 때문에, 호텔에서 근무하는 시간 동안 정말 단 5분의 휴식도 스스로에게 허락하지 않고 앞만 보고 달렸다.

비록 이렇게 새벽 3시에 일어나 하루 15시간 일하는 강행군을 해야 했지만, 그럼에도 유튜브 일은 너무 보람되고 즐거웠으며 행복했다. 그렇게 즐기면서 일하다 보니, '미주은' 채널은 어느덧 36만 명이 넘는 구독자를 보유한 대형 채널이 되어있었다. 다시 말하지만, 내가 했던 것은 흔한 노력이 아니었다. 하루 4~5시간밖에 못 자고 나의 모든 에너지를 즐겁게 쏟아부을 수 있는 열정이 넘쳐나던 그 시간들이 지금의 '미주은'을 만들었다.

유튜버라는 직업으로 성공하기 위해 필요한 마지막 퍼즐은 나만의 콘텐츠, 즉 스토리다. 아무리 뛰어난 프레젠테이션 능력을 가지고 있다 하더라도, 자신의 이야기가 담기지 않은 채널을 구독할 사람은 많지 않다. 왜냐하면, 프레젠테이션도 본질적으로는 하나의 스킬이기 때문이다. 스킬은 누구나 연습을 통해 향상시킬 수 있다. 사실 반복된 연습과 치밀한 준비 과정으로 만들어진 그럴듯한 프레젠테이션으로 장식된 유튜브 채널은 넘쳐난다. 따라서, 시청자의 관심을 끌어내기 위해서는 다른 사람들의 이야기와는 차별성이 있는 나만의 독특한 스토리가 필요하다. 그래야 당신의 콘텐츠에 값어치가 생긴다. 내 생각에는 이 점이 유튜버라는 직업의 가장 멋진 부분이다.

매력적인 유튜버가 되기 위해서는 삶 자체를 멋지게 만드는 방법밖에 없다. 나는 미국주식 인플루언서로 성공하기 위해 지난 5년 동안 하루 12시간 이상을 미국주식에 매달려 왔다. 이 치열한 과정은 시청할 가치가 있는 나만의 콘텐츠라는 결과물을 나에게 선물해 주었다. 악기 연주로 유튜버가 되고 싶다면, 하루 10시간 이상 악기 연주 연습을 해야 할 것이다. 요리 전문 유튜버라면 매일 끊임없이 새로운 레시피를 연구 개발해야 하고, 여행 전문 유튜버라면 그냥 여기저기 놀러 다니는 것이 아니라 세계 곳곳의 문화와 역사

시련이 찾아왔을 때,
어떤 모습으로 대처할지는 결국 자신의 선택임을 기억해야 한다.

내 잘못도 아닌 일에 기죽고 좌절할 것인가,
아니면 자신을 믿고 새로운 도전을 시작할 것인가.

지금 힘든 시기를 보내고 있다면, 힘차게 외쳐보라.
"내 탓이 아니다!"라고.

완전히 포기할 때까지 실패는 존재하지 않는다.

에 대해 쉬지 않고 공부해야 할 것이다.

모르긴 해도, 설문조사 결과 초등학생이 가장 선망하는 직업 중 하나가 유튜버인 이유는 다른 직업에 비해 돈과 명예를 쉽게 얻을 수 있을 것이라는 기대도 한몫했을 것이다. 물론 유튜버라는 직업 (?)이 처음 세상에 등장했던 시기에는 그럴 수 있었을 것이다. 선점 효과라는 이점이 있었기 때문이다. 하지만 이제 그렇게 쉽게 성공하던 시기는 끝났다. 이제 유튜버라는 직업군에서도 무한 경쟁이 진행되고 있다. 넘쳐나는 콘텐츠의 홍수 속에서 독특하고 차별성 있는 스토리로 대중들의 관심을 독차지하고 싶다면, 일단 그 열정을 내 삶에 쏟아부으면서 차별성 있는 인생을 살아가는 것이 급선무다. 매력적인 콘텐츠 크리에이터가 되고 싶은가? 그렇다면 먼저 매력적인 인생을 살아가는 매력적인 사람이 되어야 할 것이다.

내가 점심을 먹지 않는 이유

나는 몇 년째 점심을 먹지 않고 있다. 물론 예전에는 점심을 먹었었다. 내가 최근 들어 맛있는 점심식사를 포기하게 된 사연을 소개해보고자 한다.

대학 때부터 점심식사를 가능한 빠른 시간에 해결한다는 나만의 원칙이 있었다. 이유는 간단했다. 시간을 절약하기 위해서였다. 나는 물질적인 것에 대한 욕심이 별로 없는 편이다. 돈 욕심도 별로 없고, 차나 옷, 시계 같은 것에도 관심이 별로 없다. 2004년에 호텔 웨이트리스로 일하고 있었던 아내가 월급으로 시계를 선물해 주었는데, 10여 년 전부터 잔고장이 나기 시작한 이후에는 시계 없이 살아가고 있다. 스마트폰 때문에 시계가 없어도 크게 불편함을 느끼지 않기 때문이다.

물건에 욕심이 없는 나지만 함부로 남에게 주지 않는, 욕심을 내는 것이 하나 있는데, 바로 시간이다. 그래서 누가 약속 시간을 잘 지키지 않거나 시간을 낭비하게 만들면, 화가 나는 편이다. 호텔 총지배인으로 일할 당시에도 누군가가 회의에 늦게 들어오면 기분이 상해서, 일부러 3~4분 늦게 회의실에 도착하곤 했다. 나이가 들면서 철이 들기 시작했지만, 예전에는 음식점 같은 데서도 3~4분 안에 주문을 받으러 오지 않으면 그냥 나가버리기도 했다. 이렇게 단 1분도 낭비하지 않는 습관을 가진 덕분에, 직장 생활을 할 때도 칼퇴근을 하지 못하는 날보다는 오후 5시에 정확히 사무실을 떠나는 날이 더 많았다.

이렇게 시간에 대한 욕심이 넘쳐나다 보니, 자연적으로 아침형 인간이 되었다. 팬데믹이 본격화된 2020년 중순부터 2021년 9월까지는 호텔 일을 하면서 '미주은' 채널도 운영했었다. 그때는 새벽 3시, 늦어도 3시 반에는 일어나서 방송 준비를 했었다. 8시까지는 방송 녹화를 마무리하고 호텔로 출근해야 했기 때문에, 어쩔 수 없는 스케줄이었다. 지금도 매일 새벽 4시 30분에는 일어난다. 지금 거주하고 있는 말레이시아 기준으로 정오가 되기 전까지는 방송 녹화에서부터 편집, 유튜브 업로드 예약까지 모두 마무리해야 한국 시간으로 너무 늦지 않은 시간에 방송을 내보낼 수 있기 때문이다. 덕분에, 유튜브 관련 일은 오전에 모두 마무리하고 아주 편안한 마음으로 오후 시간을 보낸다. 물론 2023년부터 유료 멤버십을 운영하기 시작했고, 최근에는 책 집필 작업까지 병행하여 오후 시간도 바쁘게 보내는 편이다.

이렇게 아침형 인간으로 살면 오전 시간이 길어져서 좋다. 해가 중천에 뜨기 전까지 그날 계획했던 중요한 일의 대부분을 마무리할 수 있다는 것이 커다란 장점이다. 물론 단점도 있다. 저녁이 되면 피곤이 몰려오고, 무기력해지기도 한다. 그래서 아침형 인간은 해가 떨어지기 전에 가급적이면 많은 일을 끝내버릴 필요가 있다. 저녁시간이 되면 남들에 비해 생산력이 현저히 떨어지기 때문이다.

그런 이유로 인해, 나는 평생을 아침형 인간으로 살아왔고 늘 점심시간이 아깝게 느껴졌다. 남들은 삼삼오오 무리를 지어서 식사하고, 커피를 마시고, 대화를 나누는, 말 그대로 점심시간을 알차게 보낼 때, 나는 5~10분 만에 점심을 해결하고 책상으로 돌아오는 습관을 대학교 3~4학년 때부터 자연스럽게 가지게 되었다. 그 덕분에 아주 재미있는 버릇을 가지게 되었는데, 바로 점심 메뉴 선택에 관한 것이다. 점심 메뉴를 고르는 것도 귀찮아진 나는 매일 같은 메뉴를 먹는 습관을 가지게 되었다. 그래서 대학교 4학년 때 반년 동안 '제육볶음 덮밥'을, 나머지 반년은 '짜장밥'만 먹었던 기억이 있다. 가장 최근에 근무했던 노보텔 보고르에서는 팬데믹 기간 동안 거의 예외 없이 매일 점심으로 데리야끼소스를 얹은 연어 스테이크를 먹기도 했다.

호텔에서 은퇴한 이후에는 점심을 먹는다는 행위 자체가 갑자기 많은 시간과 노력이 필요한 일종의 숙제처럼 느껴졌다. 물론 가족 모두가 옹기종기 모여 서로의 하루를 공유하는 저녁식사 시간은, 하루 일과 중에 가장 행복한 순간이다. 하지만 점심시간은 좀 다르다. 하루의 가장 중요한 황금 시간대에 딱 걸려있기 때문이다. 한창 생산적인 일을 할 수 있는 시간에 모든 생산 활동을 멈춰야 한다. 장을 봐야 되고, 요리도 해야 되고, 밥을 먹고, 설거지까지 해야 되는 이 모든 과정이 은퇴 이후부터는 엄청난 시간 낭비처럼 느껴졌다. 그래서 나는 2022년 말부터 점심을 먹지 않고 있다. 아내도 '부창부수'를 실현하는 의미로 점심식사를 포기했다. 점심을 먹지 않으면, 먹는 즐거움을 하루에 두 번밖에 느낄 수 없다는 단점이 있지만, 생각보다 훨씬 많은 이점이 존재한다.

먼저, 점심을 준비하고, 밥을 먹고, 설거지하는 데 소요되는 시간이 없기 때문에, 하루에 최소 1~2시간 정도가 덤으로 생기게 된다. 1년이면 남들보다 400~700시간이 더 확보되는 셈이다. 우리 부부는 이전에는 점심을 준비하고 먹는 데 사용했던 정오부터 오후 2시까지의 시간을 이용해 조깅과 수영을 한다. 보통 30분을 뛰고 30

분을 수영한 후 샤워를 하고, 과일을 먹으면서 당분을 보충한다. 그렇게 해도 오후 2시밖에 되지 않아서, 그 이후에도 많은 일을 할 수 있는 시간적인 여유와 마음의 여유가 생기게 된다.

두 번째 이점은 자연적으로 다이어트가 된다는 것이다. 점심 대신 과일만 몇 조각 먹기 때문에 오후 4시 정도가 되면 배가 많이 고파진다. 그래서 우리 가족은 저녁 식사를 보통 5시 정도, 늦어도 5시 30분 정도에 먹는다. 아이들도 학교를 마치고 집에 오면 허기가 진다며 먹을 것을 찾아서, 우리 집은 남들보다 한두 시간 일찍 저녁식사를 하고 있다. 이렇게 저녁을 일찍 먹으면 원하는 만큼 실컷 먹어도 살이 잘 찌지 않는다. 밤 10시 정도에 잠자리에 들 때도 저녁을 빨리 먹었기 때문에 뱃속이 부대끼지 않고, 편안하게 잠을 푹 잘 수 있다는 세 번째 이점도 덩달아 누릴 수 있다.

마지막으로 가장 중요한 이점이 있다. 사람들은 보통 배가 부를 때보다 배가 고플 때 조금 더 삶의 의욕을 느낀다. 배가 부르면 자꾸 쉬고 싶고, 눕고 싶고, 게으름 부리고 싶어지는 것이 인간의 본성이다. 그래서 점심을 포기하면, 하루 종일 의욕이 넘치는 삶을 살 수 있게 된다.

남들이 하루에 세 끼를 먹는다고 당신까지도 세 끼를 먹을 필요는 없다. 내 마음대로, 내가 원하는 대로, 내 인생에 도움이 되는 방식으로 살아가는 것이 중요하다. 오늘부터 나는 몇 끼의 식사를 하는 것이 좋을지, 잠깐 생각해 보는 것은 어떨까?

소유 대신 자유를 선택하다

2021년 9월, 인도네시아에서의 호텔리어 생활을 정리하고 우리 가족은 영국의 캠브리지에서 4년 가까이 거주했다. 캠브리지는 어린이나 청소년 자녀를 가진 가족들에게 인기가 높은 도시다. 아무래도, 전 세계 최고의 대학이 자리잡고 있다 보니 교육을 중요시하는 부모들이 세계 곳곳에서 몰려들기 때문이리라.

내가 캠브리지에서 가장 좋아했던 것은 길거리의 풍경이었다. 특히 아이들이 등하교를 하는 시간이나 주말이 되면 캠브리지 시내를 비롯한 대부분의 거리가 사람들과 자전거로 채워지는데, 이런 모습이 너무나 마음에 들었다. 캠브리지는 작은 도시이기 때문에 웬만한 거리는 자전거를 타고 왕래가 가능하다. 그래서 등하교 시간이나 출퇴근 시간이 되면, 차보다 훨씬 더 많은 자전거와 사람들이 거리를 가득 메운다. 특히 아이들과 청소년들이 많아 마치 도시 전체가 아이들과 함께하는 가족들을 위한 세상처럼 여겨질 정도다.

이렇게 좋은 생활 환경과 교육 여건을 제공하다 보니, 캠브리지는 영국에서 규모가 작은 도시에 속하지만 거주비를 비롯한 물가가 만만치 않다. 특히 우리 가족은 아이들의 학교를 고려해서 캠브리지의 중심부에 거주했는데, 한 달 렌트비가 400만 원이 넘었다. 유튜브와 유료 멤버십, 다양한 주식 플랫폼과의 협업 등 여러 가지 수입원이 구축되어 있는 내 입장에서도 감당하기가 만만치 않은 금액이었다. 그래서 우리 가족은 휴가나 여가 생활에 들어가는 비용을 최소화했다. 최고의 거주 환경과 교육 환경을 누리기 위해서는 희생이 따르기 마련이다.

주위에선 차라리 캠브리지에 집을 구입해서 거주하는 것이 어떠냐고 했다. 투자 중인 미국주식을 일부 정리하면 충분히 가능한 일이기는 했다. 하지만 집을 소유하는 것보다는 월세를 사는 편이 훨씬 마음이 편하다. 조금 이상하게 들릴 수도 있겠지만 집을 소유한다는 것은 삶의 범위와 가능성을 제한하는 하나의 장애물이 될 수 있다고 믿기 때문이다. 그와 같은 이유로 우리 부부는 너무 비싼 자동차나 가구, 살림살이 역시도 되도록이면 소유하지 않기 위해 노력하고 있다. 가진 것이 많으면 많아질수록 인생의 짐은 무거워지고, 결국 한 장소에 반강제로 정착하게 되어 인생 곳곳에서 만나게 되는 선택의 자유나 새로운 기회들을 잃어버릴 수 있기 때문이다.

우리가 캠브리지라는 도시에 거주했던 이유는, 그 당시 기준에서 캠브리지가 아이들의 언어와 교육, 우리 가족의 일상과 루틴에 가장 최적화된 위치와 환경을 제공했기 때문이다. 만약 아이들이 없었다면 우리 부부는 캠브리지를 선택하지 않았을 것이다. 앞으로도 마찬가지다. 지금은 말레이시아의 쿠알라룸푸르에 살고 있지만, 다음에 살 곳을 결정할 때는 지금과는 다른 기준으로 선택할 가능성이 높다. 예를 들어, 교통 인프라가 편리해 차를 많이 이용하지 않아도 된다거나, 물가가 저렴하다거나, 자연 경관이 뛰어나다거나, 일 년 내내 해수욕을 즐길 수 있다는 것이 중요한 기준이 될 가능성이 높다. 우리 부부는 그런 날이 찾아온다면 또 다시 별다른 부담이나 어려움 없이 가벼운 마음으로 쿠알라룸푸르에서 떠날 것이다. 물론 방랑벽이 있는 우리 부부도 70~80대를 넘겨 에너지가 바닥나게 되면, 결국 한 곳에 정착하게 될 날이 찾아올 것이다. 세상을 둘러보기에 너무 지쳐버릴 그때까지는 남아있는 마지막 자유로움을 만끽하고 싶다.

인생을 살다 보면, 우리가 소유한 하찮은 것들 때문에 그보다 훨씬 더 중요한 자유로움이 침해당하는 경우가 정말 많다. 자동차를 소유한다는 것 역시 자유로운 삶을 살아가는 데 커다란 영향을 미친다. 차가 없던 사람이 자동차를 소유하게 되면, 처음에는 그동안 다니지 못했던 곳들을 방문하면서 돌아다닐 수 있는 범위가 넓은 것을 넘어 인생의 수준이 올라간 것처럼 느껴질 것이다. '이렇게 좋은 데가 많았는데 나만 다니지 못했구나'라는 생각이 들 수도 있다. 하지만 사람들이 간과하는 것이 있다. 자동차를 끌고 다녀야 하기 때문에 잃어버리게 되는 삶의 모습도 많다는 점이다. 자동차로 이동하는 사람들은 주말에 방문할 곳을 정하거나 외식 장소를 정할 때, 주변 교통 상황과 도로망, 거기에 주차 시설까지 고려하게 된다. 길이 너무 막히거나 주차장이 없는 곳, 혹은 주차비가 너무 비싼 곳은 아예 피하게 되는 경우도 다반사다. 이렇게 의식하지 못하는 사이에, 우리 삶의 반경은 오히려 작아질 수 있다. 차를 모시고(?) 다니게 되면서 신당동 떡볶이 골목이나 종로의 피맛골, 신림동의 순대 타운 등이 추억의 장소가 되어버린 것은 나에게만 국한된 경험이 아닐 것이다.

그뿐만이 아니다. 같은 곳을 방문한다 해도 차를 타고 경험하는 세상은 완전히 다른 모습과 다른 느낌이다. 자동차 창문 너머로 바라보는 세상과 거리를 직접 활보하며 호흡하는 세상은 결코 같을 수 없다. 인생의 목표는 누가 빨리 종착역에 도착하는 데 있지 않다는 것을 기억했으면 한다. 어차피 모든 인생의 종착역은 죽음

일 텐데, 누가 그 마지막 종착역에 남들보다 더 빨리 도착하고 싶겠는가? 인생의 본질은 결과가 아니라 과정이다. 종착역이 아니라 여정의 순간순간이 인생이라는 말이다. 그래서 가능한 한 짐을 줄이는 것이 좋다. 인생은 짊어져야 할 짐이 적을수록 훨씬 더 역동적이고 즐거울 수 있기 때문이다.

'세상에는 이렇게 집이 많은데, 왜 나는 집도 없나?' 이런 불만을 가진 월세살이 독자들, 똥차 한 대 없어 오늘도 지옥철과 만원 버스로 이동하는 뚜벅이 삶에 지친 독자들은, 적게 소유한 덕분에 만끽할 수 있는 자유로움과 가벼운 삶의 무게에 조금 더 점수를 주었으면 한다. 그리고 집이나 자동차를 가진 사람들은 더 늦기 전에 잃어버린 자유로운 삶과 열려있는 선택을 마음껏 만끽했으면 한다. 풍요로움보다 아름다운 것이 자유로움임을 기억하자.

시간은 돈으로 살 수 있다

한국 사회에서는 아직까지도 돈에 대해 부정적으로 생각하는 것 같다. 돈에 대한 이야기를 터부시하고, 돈에 대해 관심이 많은 것을 저속하다고 평가하는 경우가 있는데, 우리 삶에서 반드시 필요한 돈을 삶에서 쫓아버리는 것은 좋지 않은 생각이다. 이렇게 돈에 대해 부정적인 시각을 가지고 살아가게 되면, 혹시라도 주변에 있을 많은 부를 일군 사람에 대해 색안경을 끼고 바라보게 되고 그들의 노하우나 비결을 배울 기회도 적어진다. 나아가, 돈에 대해 적극적으로 학습할 동기 역시 줄어들 수밖에 없기 때문에, 투자나 재테크에 대해 관심이 없는 경제적인 문맹으로 전락할 가능성도 있다.

돈을 신성시할 필요까지는 없지만, 적어도 적극적으로 돈에 대해 공부하고 모아갈 이유는 충분하다. 돈이 중요한 이유는 크게 두 가지이다.

돈이 중요한 첫 번째 이유는, 인생을 불행으로 빠뜨릴 씨앗들을 제거하기 위해서이다. 돈으로 행복을 살 수 없다는 사실은 새삼 강조할 필요가 없을 것이다. 하지만 행복하기 위해서는 행복감을 안겨주는 긍정적인 자극을 만드는 것보다 불행감을 유발하는 부정적인 자극을 제거하는 것이 우선순위가 되어야 한다. 건강 문제가 가장 적절한 예가 될 것이다. 내가 건강하다고 해서 즐거움을 느끼거나 행복감을 느끼는 사람은 별로 없다. 하지만 본인이나 가족의 건강 문제로 적지 않은 고통과 괴로움을 안고 살아가는 사람들은 많다. 또한 직장이 있다고 해서 마냥 즐겁고 행복하진 않지만, 직장이 없어서 불행한 사람이 많은 것 역시 같은 맥락이다. 돈도 마찬가지다. 자기가 원하는 것을 마음대로 누릴 수 있을 정도의 부가 있다고 해서 행복한 삶이 보장되는 것은 아니다. 인간의 욕망은 끝이 없어서, 일단 원하는 것을 얻고 나면 한 차원 위의 자극을 갈구하기 때문이다. 하지만 적어도 꼭 필요할 때 사용할 수 있는 금전적인 여유가 있다면, 돈의 도움으로 불행을 피할 수 있다.

나는 8년 정도의 시간을 인도네시아에서 보냈다. 인도네시아는 많은 후진국들이 그러하듯 빈부의 차가 매우 크다. 땅덩어리도 크고, 천연자원과 먹을거리가 지천에 널려있는 나라지만, 극심한 가난에 시달리는 사람들을 너무도 많이 봤다. 비가 오면 살고 있는 집이 침수되어 출근을 하지 못하는 팀원도 있었고, 방 한 칸에 부부와 아이들 5명이 함께 살아가는 가족도 있었다. 집에 화장실이 없어서 가까운 개천에서 볼일을 보고, 설거지도 하고, 목욕도 하는 이웃들도 많이 만나봤다. 가장 가슴 아팠던 것은, 개인위생이나 건강에 신경을 쓰지 못해 젊은 나이에 세상을 떠난 호텔 직원들이 적지 않았다는 것이다. 한국에서 일할 때는 직원 결혼식에만 참석하면 됐지만, 인도네시아에서는 직원 장례식에도 자주 참석했었다. 이 모두가 경제적인 어려움 때문에 생겨나는 문제다. 선진국에서는 너무나 당연한 깨끗한 화장실 하나를 제대로 가질 수 없는 환경에서 살아가는 사람들이 그 안에서 장밋빛 미래를 설계하고 행복을 향해 정진하는 것은 말처럼 쉬운 일이 아니다.

사실 멀리까지 가서 사례를 찾을 필요도 없다. 이제 세계 10대 경제 대국으로 성장한 한국에서도 얼마나 많은 사람들이 금전적인 문제로 고통받고 있는가? 우리 주위에는 아직도 자신이 원하는 것을 얻기 위한 돈이 아닌, 생존을 위해 꼭 필요한 최소한의 것을 마련하기 위해 돈이 필요한 사람들이 여전히 많다. 그 돈은 공부를 위한 학자금이 될 수도 있고, 치료를 위한 병원비가 될 수도 있고, 꿈을 이루기 위한 사업자금, 심지어는 한 칸짜리 방의 월세를 낼 돈이

나, 하루 세 끼 따뜻한 밥으로 허기를 채우기 위한 돈이 될 수도 있다. 돈으로 행복을 살 수는 없다. 하지만 적어도 돈으로 인해 불행을 피할 수는 있다. 이것이 우리가 돈에 관심을 가지고 적극적으로 학습해야 하는 첫 번째 이유다.

돈이 중요한 두 번째 이유는 세상에서 가장 중요한 시간을 돈을 주고 살 수 있기 때문이다. 웬만한 직장에서 열심히 일하면, 누구나 기본적인 의식주를 해결할 수 있다. 하지만 남들보다 조금은 더 좋은 직장에서, 조금 더 높은 연봉을 받으며 일하고 싶어 하는 이유는, 사실 따지고 보면 돈으로 시간을 살 수 있기 때문이다.

나는 외식이나 배달 음식을 매우 선호하는 편이다. 여기에는 솔직히 아내의 음식 솜씨가 한몫하지만, 가장 큰 이유는 시간 낭비를 줄이기 위해서다. 사람들은 보통 하루에 세 끼를 챙겨 먹는다. 그런데, 한 끼를 제대로 해결하기 위해서는 식자재를 준비하기 위한 장보기부터, 요리 과정, 거기에 식사 후 설거지까지 엄청난 시간과 에너지를 소모해야 한다. 우리는 이렇게 복잡한 과정을 하루에 2~3번씩, 평생을 반복하면서 살아간다. 만약 우리가 하루 일정에서 세 끼 식사를 준비하는 과정을 없애버린다면, 먹는 시간을 제외하고도 최소한 2시간 이상을 확보할 수 있다. 하루 2시간이 모이면 1년에 700시간이 넘게 되고, 15년이면 1만 시간이 넘는다.

'1만 시간의 법칙'이라는 말을 들어보았는가? 말콤 글래드웰이라는 사람이 쓴 《아웃라이어》라는 책에 나오는 문구인데, 어떤 분야에서 최고의 전문가가 되기 위해서는 1만 시간의 연습이 필요하다는 말이다. 다시 말해, 앞으로 15년 동안 장보는 데 낭비되는 시간, 요리에 낭비되는 시간, 설거지에 낭비되는 시간을 모두 모아 단한 가지 분야를 마스터하기 위해 노력한다면, 누구나 원하는 분야의 전문가가 될 수 있다는 계산이 나온다. 나는 결혼한 이후 지금까지, 아내가 부엌에서 시간 보내는 걸 별로 좋아하지 않았다. 그래서 어느 정도 경제적인 여유가 생긴 이후에는 가급적 집 근처의 식당이나 배달 서비스를 통해 많은 식사를 해결해 왔다.

이렇게 경제적으로 여유가 생기면, 가난한 사람들에 비해 인생을 풍요롭게 만드는 데 필요한 여분의 시간을 확보할 가능성이 높다. 앞에서 예로 들었던 요리뿐만이 아니라 대부분의 집안일은, 여유가 있다면 가사 도우미나 운전사를 고용하여 보다 의미 있는 일들에 집중할 수 있는 추가적인 시간을 확보할 수 있다. 이렇게 남들보다 많은 시간을 확보할 수 있게 되면, 끊임없이 자기계발에 전념하면서 자신의 전문성이나 능력을 향상시킬 수 있고, 추가로 확보된 시간에 운동을 통해 건강을 지킬 수 있다. 나아가 이렇게 확보된 시간을 배우자나 자녀들과 함께 보내면서 가족 간의 유대감을 돈독히 하고 정서적인 만족감과 안정을 도모할 수도 있다.

그래서 우리 가족은 2025년 8월에 인건비가 저렴한 말레이시아로 이주했다. 그전에 머물렀던 영국은 물가와 인건비가 비싸서 돈

LWD2020
DAREFORALL

의 가치가 상대적으로 떨어지기 때문이다. 정원을 한번 관리하려 해도 50만 원 정도가 들기 때문에 웬만하면 직접 잔디를 손질해야 했다. 이사 비용을 줄이기 위해 아내와 함께 이삿짐도 직접 싸서 운반한 적도 있었다. 그러고 나서 2~3일은 앓아누웠으니 이사에 든 시간과 에너지는 거의 일주일치의 생산력과 맞먹는다.

이렇게 살아서는 인생에 발전이 없다. 돈을 주고 시간을 사야지, 나의 소중한 시간을 희생하면서 돈을 아끼기 위해 노력한다면 승산이 없다. 특히 40~50대처럼 생산력이 극대화된 시기일수록 이러한 원리를 이해하는 것은 매우 중요하다. 시간을 파는 사람이 되어서는 안 된다. 시간을 사는 사람이 되어 그 시간을 생산적인 일로 가득 채우는 사람들이 이 세상을 리드하게 되어있다.

우리의 의지보다 강력한 시스템

이 세상은 불공평하다. 개인마다 태어난 지역이나 가정환경도 차이가 나고, 타고난 신체 조건이나 성별, 피부색, 사용 언어까지, 불공평한 것투성이다. 이 세상의 불공평은 루저(Loser)들에게 좋은 변명거리를 제공한다. 그래서 많은 사람들은 자신이 실패한 이유가 이러이러한 불리함 때문이라고 변명하면서, 자신의 무능함을 정당화하기에 바쁘다. 단언컨대, 이렇게 불공평한 것에 집중하다 보면 결코 성공적인 인생을 만들어갈 수 없다. 불공평한 세상에서 성공하고 싶다면 공평하게 주어진 것에 집중해야 한다. 그래야 '금수저'를 물고 태어난 그들만이 아닌 '흙수저'를 가진 우리에게도 승산이 있다.

이 불공평한 세상에서 딱 하나 누구에게나 공평하게 주어지는 것이 있다. 바로 시간이다. 따라서 금수저 세트를 손에 쥐고 태어나지 않은 보통사람 입장에서는 시간에 승부를 걸어야만 성공 확률을 높일 수 있다. 문제는 가진 게 시간밖에 없는 흙수저들이 인생의 마지막 보루인 시간을 너무도 쉽게 낭비한다는 사실이다. 그러면서 세상을 원망한다. 부모를 잘못 만나 자신이 이 모양 이 꼴이라고, 헬조선에 태어난 것이 문제라면서 말이다.

물론 시간을 마음대로 지배하면서 살아가는 것은 생각만큼 쉽지 않다. 누구나 하루를 30분 단위로 쪼개어 생활계획표를 거창하게 만들 수는 있지만, 실천이 문제다. 그래서 '작심삼일'이라는 말도 있지 않은가? 인간은 본능적으로 편안하고 쉽고 재미있는 것을 추구하기 때문에, 웬만한 의지로는 하루를 마음대로 컨트롤하면서 인생 역전을 도모하는 것이 여의치 않다. 그리고 '작심삼일'의 부정적 경험을 반복하다 보면 '난 역시 안 돼'라는 자괴감에 빠지게 되고, 결국 실패라는 결과에 익숙해져서 성공 습관을 만드는 것은 먼 나라 이야기가 되어버리고 만다.

이러한 악순환의 고리를 끊는 손쉬운 방법을 공유하고자 한다. '나약한 인간의 의지력에 의존하지 말라'는 것이다. '작심삼일'을 반복하지 않기 위해서는 자신의 굳은(?) 의지에게 모든 것을 맡기지 말고, 가능한 방법을 모두 동원해서 시스템적인 지원을 전폭적으로 해줘야 한다. 여기서 '시스템적인 지원'이란 간단하다. 만약 여러분이 담배를 끊기로 마음먹었다면, 당장 담배와 라이터를 눈앞에서 치우고, 적어도 3개월 이상은 술자리를 피해야 성공 확률이 올라갈 수 있을 것이다.

나는 먹성이 좋은 편이라서 평생 체중 관리에 신경을 써왔다. 1~2년 정도 운동을 게을리하거나 다이어트에 신경을 쓰지 않으면 체중이 5kg 이상 불어나는 체질이기 때문이다. 다이어트에 돌입할 때 가장 신경쓰는 부분은 장보기와 냉장고다. 나는 애주가이기 때문에 일단 냉장고 안에 맥주가 없어야 다이어트에 성공할 수 있다. 이 책의 탈고를 앞두고 있는 지금 시점에도 나는 다이어트 중인데, 지난 3개월 가까이 술을 거의 마시지 않았다. 외식할 때도 술을 주문하지 않고, 집 냉장고에 맥주도 채워놓지 않았기 때문에 가능한 일이었다. 딸아이도 나를 닮아 식성이 좋은 편인데, 요즘 들어 살이 오르고 있어 장보기 아이템에 신경을 쓰고 있는 중이다. 한창 자랄 나이에 살이 쪘다고 다이어트를 시킬 수는 없지 않은가? 이제 우리 집 장바구니에는 더 이상 케이크와 초콜릿, 고지방 음식이 보이지 않는다. 많이 먹어도 걱정 없는 저칼로리 음식으로 냉장고를 채워놓으면, 딸아이가 냉장고를 열 때마다 신경쓰지 않아도 되어 부모 입장에서도 편하다.

현재 우리 집 거실에는 커다란 소파가 있다. 우리가 구입한 것은 아니고, 집주인이 갖추어둔 것이다. 남들에게는 그저 평범한 소파지만, 우리 아이들은 소파가 있다는 것만으로도 너무 즐거워한다. 이전에 살았던 영국의 집에는 소파가 없었기 때문이다. 우리 부부는 소파가 사람을 무기력하게 만든다고 믿는다. 불행한 사람은 담배를 많이 피지만, 담배를 많이 피다 보면 더 불행해진다. 그와 마찬가지로, 게으른 사람은 소파에 잘 퍼져있지만, 소파에 앉아있는 시간이 늘어나다 보면 부지런한 사람도 게으른 사람으로 변할 수 있다. 거실 소파가 가지고 있는 또 하나의 단점은 가족끼리 마주볼 수 없다는 것이다. 가족끼리 마주보는 대신 TV를 마주보게 된다는 점에서 소파는 가정의 평화를 위협하는 위험한 존재이다. 그래서 우리 가족은 함께 영화를 시청하는 시간 외에는 소파에 앉아있는 행위를 금지하고 있다. 우리 가족만의 보이지 않는 룰이다.

대신 우리 집 거실에는 엄청난 크기의 탁자가 놓여있다. 우리 가족은 그 탁자에 앉아 대부분의 시간을 함께 보낸다. 아이들은 탁자에서 숙제를 하거나 문제집을 풀고, 책을 읽고, 우리 부부 역시 그곳에서 공부를 하고, 책을 읽고, 콘텐츠를 게시하고, 방송을 준비하기도 한다. 지금도 나는 그 탁자에서 열심히 집필을 하고 있고, 딸아이는 학교의 프로젝트를, 큰아이는 유튜브를 보고 있다. 이렇게 거실에 가족들이 둘러 앉아 함께 대화하고, 공부하고, 책 읽고, 일할 수 있는 탁자를 두면 온 가족이 항상 함께할 수 있어서 좋다. 대신 아이들 방에는 옷장과 침대 외 다른 가구나 물건을 놓지 않는 것이 중요하다. 말 그대로 침실은 잠만 자는 곳이 되어야 한다. 그래야 잠자는 시간 외에는 온 가족이 자연스럽게 어울리며 인생을 공유할 수 있게 된다.

의지력보다 중요한 것은 환경이다. 부지런해지고 싶다면, 먼저 거실의 소파를 치워라. 퍼질 자리가 없어진다면, 내 안의 게으름이 자연스럽게 사라지고 몸과 마음이 바로 서기 시작할 것이다.

손에 물도 묻히지 않고 살았던 아내

나는 어렸을 때부터 부족한 것에 대한 불만이나 걱정이 없었다. 아버지는 학교 선생님이셨고, 어머니는 가정주부였기 때문에 주위 사람들에 비해 경제 상황이 풍족한 편은 아니었다. 하지만, 단 한 번도 나의 경제적 환경에 대해 불만을 가지거나 부정적인 생각을 해본 적은 없었다.

우리 가족은 14평짜리 시영아파트에 살았고, 몇몇 친구들은 바로 그 옆에 자리 잡은 50평짜리 장미아파트에 살았지만 내게는 큰 의미가 되지 않았다. 우리 집에는 없는 큰 자가용을 타고 다니는 사람들도 부럽다는 생각을 한 적이 없다. 아내와 결혼한 뒤에는 은행 계좌 잔고가 100만 원도 되지 않았지만, 크게 걱정하거나 부정적인 생각을 하지 않았다.

어릴 때부터 이렇게 물질적인 것이나 돈에 대한 관심 혹은 걱정이 없었던 것은 미래에 대해 내가 지니고 있었던 초긍정적인 시각 때문이었던 것 같다. 그때는 작은 집에 살았어도, 나중에는 당연히 큰 집에 살 수 있을 거라는 희망을 가지고 있었고, 30대 중반까지도 뚜벅이였지만 나중에는 좋은 차를 몰고 다닐 거라고 상상했었다. 결혼하고 나서도 아내와의 외식은 늘 중국집이었지만, 나중에 최고급 레스토랑에서 프랑스 음식을 먹으며 와인 잔을 부딪히며 살 것임을 확신했다.

오늘보다는 더 나은 내일을 만들 수 있다는 왠지 모를 자신감이 있었기에, 내일보다 부족한 오늘은 별 문제가 되지 않았다. 오히려 초라한 오늘은 화려한 내일을 위한 축복이라는 생각을 늘 가슴에 품고 살아왔었다. 인생은 야구 경기와 같아서 1회부터 10대 0으로 이기고 있으면 그 나머지 이닝에 대한 기대와 재미가 떨어질 수밖에 없다. 5~6회까지는 뒤지다가도 나중에 역전을 해야 환호성도 나오고 기쁨과 감동의 눈물도 흘릴 수 있다. 그래서 나는 우리 아이들도 굴곡과 스토리가 있는 인생, 7회 말 역전의 희열을 느낄 수 있는 인생을 살면 좋겠다는 생각을 가지고 있다. 이 생각은 내가 남들이 부러워하는 총지배인을 관두고 유튜버로의 전향을 결정한 결정적인 이유 중 하나다.

우리 아이들의 성장 환경은 매우 특별했다. 동남아 호텔에서 외국인 총지배인으로 근무하면 생각보다 많은 혜택을 받게 된다. 화장실이 5개나 되는 저택과 차가 제공되는 것은 물론이고, 개인 기사와 가사 도우미까지 지원되기 때문에 외국에서 총지배인으로 부임하는 순간, 하루아침에 왕족 같은 삶을 살게 된다. 요즘 어쩌다가 설거지를 하고 있는 아내를 놀릴 때 '손에 물도 묻히지 않던 GM 와이프'에게 무슨 일이 생긴 거냐고 묻곤 하는데, 실제로 아내는 인도네시아와 말레이시아에서 지냈던 8년 동안 청소는 물론이고 속옷을 제외하고는 빨래도 거의 한 적이 없었다. 사실, 음식까지도 호텔에서 매일 세 끼를 먹을 수 있었지만, 아무리 좋은 호텔 음식도 매일 먹다 보면 질리기 때문에 일주일에 1~2번 정도는 일부러 밥을 해서 먹었던 것 같다. 우리 부부 입장에서는 이렇게 호화로운 생활이 하늘에서 떨어진 것이 아니라, 호텔의 가장 밑바닥에서부터 한 단계씩 올라 도착한 종착역이었기 때문에 매순간 즐겁고 감사하게 그 생활을 만끽할 수 있었다. 사실 그때가 지금까지도 우리 인생에 있어서 가장 만족스러운 시간으로 기억된다.

하지만, 마음 한 켠에는 한 가지 걱정거리가 자라고 있었다. 바로 아이들의 비정상적인 성장 환경이었다. 내가 호텔을 그만둔 지

4년이 훌쩍 넘었지만, 아직까지도 우리 아이들은 하루 세 끼를 먹고 싶은 대로 먹지 못하는 것에 대한 불만이 많다. 예전에는 호텔 뷔페 레스토랑에서 먹고 싶은 음식을 마음껏 먹을 수 있었기 때문이다. 그래서 아직도 엄마가 파스타를 해주면, 피자와 프라이드치킨도 함께 먹고 싶다고 말하고, 스테이크를 구워주면 프렌치프라이가 없다며 음식 투정을 하는 경우가 많다. 지금은 열세 살이 된 아들에 대한 웃지 못할 추억이 하나 있다. 아들이 서너 살 때 나는 인도네시아 롬복섬에 있는 노보텔 호텔에서 2년간 근무했었다. 그때 아내와 아이들은 내가 일하는 시간에 호텔 리조트의 바닷가에서 하루의 대부분을 보냈다. 그때 네 살밖에 되지 않았던 아들은 엄마의 시선에서 사라지는 경우가 종종 있었다. 걱정이 되어 찾다 보면 아들은 호텔의 비치 바에서 오렌지주스를 마시고 있곤 했다. 맥주나 칵테일을 마시고 있는 호텔 게스트들 틈에서 네 살짜리 아이가 주스를 주문해서 마시고 있었던 것이다.

지금 생각해 보면 재미있는 에피소드지만, 나는 아이들의 눈에 비친 세상이 너무 쉬워 보일까봐 걱정스러웠다. 아이들이 누리는 호사로움과 풍요로움은 아이들의 노력으로 얻어진 것이 아니었고, 더 중요한 점은 앞으로 아이들이 살아갈 세상과는 너무 동떨어져 있다는 것이다. 아이들은 기사가 운전하는 호텔 차를 타고 국제학교를 다녔고, 전화 한 통이면 룸서비스를 통해 피자나 햄버거를 먹을 수 있었고, 호텔 직원에게 부탁하면 맛있는 아이스크림도 마음껏 먹을 수 있었다. 아이들이 집이라고 믿고 있던 5성급 호텔에는 언제든 뛰어들 수 있는 수영장은 물론이고, 함께 놀아줄 직원이 상주하는 키즈 클럽도 있었다. 야구로 치면 1회 초부터 10점을 얻은 상황이었다. 이런 식으로 유년 시절을 보낸 아이들의 인생 경기는 갈수록 재미도 감동도 없어질 거라는 걱정이 들었다. 혹시나 경기 중후반에 역전이라도 당하면, 재기하지 못하고 실패자의 마음으로 인생을 살아가게 될까봐 걱정이 앞섰다. 그래서 우리 부부는 화려한 인생을 과감히 포기하기로 결정했다. 미련도 후회도 없었다. 왜냐하면 10년 후가 되든 15년 후가 되든 그와 같은 생활은 언젠가는 포기해야 하는 일장춘몽에 불과하다는 것을 너무도 잘 알고 있었기 때문이다.

2021년 9월, 나는 호텔리어 타이틀을 포기했고, 우리 가족은 영국 캠브리지에 정착했다. 그 결과 아주 오랜만에 나도 잊고 지냈던 사소하지만 쉽지 않은 일상의 과제들과 마주쳤다. 거의 8년 동안 호텔의 스위트룸이나 호텔에서 마련해준 궁전 같은 집에서 생활하면서 나의 생존 능력은 거의 제로에 가까워져 있었다. 호텔은 우리가 사는 세상을 축소해 놓은 미니 월드와 같다. 호텔에는 최고의 요리사가 모여있는 부서, 청소 전문 부서는 물론 시설 보수와 정비를 담당하는 엔지니어링 부서, 컴퓨터와 인터넷 네트워킹을 담당하는 IT 부서도 있다. 심지어 부총지배인과 총지배인은 개인 비서가 따로 있기 때문에, 나는 8년 동안 많은 팀원들의 도움을 받아 정말 아무것도 하지 않고도 살아갈 수 있었다. 총지배인이라는 감투를 벗어던 진 나는 10여 년 만에 전구도 갈아 끼우고, 이케아(IKEA)에서 산 가구도 직접 조립해야 했다. 예전에는 말 한마디로 쉽게 해결되던 문제들이 버겁게 느껴지기도 했지만, 이제 평범한(?) 삶에 어느 정도 적응되어 힘들다는 생각은 들지 않는다.

아무리 사소한 일이라도 자주 반복하지 않으면 어려워지는 법이다. 특히 중년 이후에는 더욱 그렇다. 이것 역시 우리 부부가 조금은 빠른 시기에 은퇴를 결심하게 된 이유 중에 하나였다. 60세가 될지 65세가 될지는 확실하지 않지만, 총지배인이라는 직업도 결국 정년을 맞게 될 텐데, 그 나이에 꿈같은 생활을 접고 갑자기 현실 세계(?)로 돌아와야 한다면 너무 가혹할 것 같았다. 그래서 우리는 60대가 아닌 40대에 현실에 복귀하기로 마음먹었다. 조금이라도 더 젊고 에너지가 넘치는 나이에 현실로 돌아오는 것이 훨씬 더 적응도 쉽고, 새로운 인생의 활로를 개척하는 데도 유리할 것이라는 계산 때문이었다.

열정과 에너지가 넘치는 젊은 나이에 과감한 결정을 내린 덕분에, 나는 아직도 매일 하나의 영상을 올리면서 열심히 유튜버 활동을 이어나가고 있다. 2023년 6월부터는 '미주은' 유료 멤버십도 만들어 성공적으로 운영 중인데, 이렇게 새로운 도전에 임할 수 있었던 것도 따지고 보면 조기에 은퇴를 결정한 덕분이었다. 그리고 나서도 남아있는 시간과 에너지가 있기에, 지금은 이렇게 내 인생을 책으로 만들어내는 의미 있는 프로젝트도 진행하고 있다.

이 책을 읽고 있는 여러분도 결국은 은퇴를 맞게 될 것이다. 은퇴라는 삶의 단계는 애써 외면하거나 잊고 지내서는 안 된다. 내가 직접 겪어본 은퇴는 경제적으로, 심리적으로, 정서적으로 만만한 변화가 아니었다. 스스로 선택한 결정이었는데도 말이다. 여러분이 30대이건 40대이건, 더 늦기 전에 자신만의 은퇴 계획을 작성하길 바란다. 그리고 꾸준히 은퇴 계획을 점검하고 업데이트하라. 행복한 은퇴 생활은 철저히 준비된 자에게만 주어진다는 사실을 명심하자.

소비형 인간 VS 생산형 인간

나는 대학교 1~2학년 때 음악 밴드 활동을 열심히 했다. 아니, 솔직히 말하면 음주가무를 열심히 했던 것 같다. 그래서 한동안은 밤낮이 바뀐 생활을 했었다. 늦게 자고 늦게 일어나는 전형적인 '새 나라의 대학생'이었던 것이다. 일단 굳어진 버릇은 쉽게 고쳐지지 않았다. 술을 거의 마시지 않는 아내를 만나 결혼할 때까지, 군 생활을 제외한 10여 년의 세월을 매일같이 술에 찌들어 보냈다.

10년 정도 '야행성 인간'으로 살아가면서 몸소 체험하고 얻은 교훈은 훗날 아침형 인간으로 살아가는 데 결정적인 역할을 했다. 야행성 인간은 성공하기도, 행복하기도 어렵다는 사실을 절실히 깨달았기 때문이다.

야행성 인간이 직면하게 되는 가장 큰 문제는 밤은 '생산'이 아닌 '소비'의 시간이라는 점이다. 하루의 대부분을 보내고 나서 밤을 맞게 되면, 누구나 피곤하기 마련이다. 자연스럽게 집중력이 떨어지고 생산성이 줄어드는 것은 당연한 이치다. 일단 밤에 깨어있다 보면 먹고 마실 일이 너무나 많다. 피곤하고 에너지가 고갈된 것은 자신만의 문제가 아니기 때문이다. 사람들은 열심히 살아온 하루에 대한 보상 심리가 발동하여 먹고 마시는 방식으로 스스로에게 상을 내린다. 이렇게 하루가 멀게 음식과 술을 지속적으로 소비하다 보면, 지갑이 가벼워지는 것은 당연한 이치다. 밤에 소비가 늘어나는 것은 술과 음식, 돈뿐만이 아니다.

밤에는 감정도 소비된다. 심신이 피곤하고 지치다 보니 지나치게 감성적이 되고, 슬픔, 외로움, 괴로움 같은 부정적인 감정과 생각에 지배될 확률이 낮 시간에 비해 훨씬 높아진다. 이렇게 부정적인 감정과 생각에 사로잡히는 시간이 길어질수록 우리의 행동, 나아가 우리의 인생 자체가 부정적으로 바뀔 가능성이 자연스럽게 높아진다. 이러한 감정의 소비는 그렇지 않아도 지쳐있는 마음을 더 지치게 만들기 때문에, 좀 더 쉽고, 편하고, 비생산적인 활동으로 밤을 보낼 가능성이 높아진다. 밤이 되면 자연스럽게 TV 앞에

앉게 되고, 유튜브나 넷플릭스 드라마를 찾게 되는 이유가 바로 그것이다.

더욱 중요한 문제는 밤에 내리게 되는 결정이다. 밤에 주로 활동하는 사람들은 중요한 일들 역시 밤에 처리해야 하는 경우가 많다. 하지만, 낮에 비해 감정적으로 소모된 상태에서 인생의 중요한 결정들을 내리다 보면 본의 아니게 잘못된 결정이나 판단을 내리게 되는 경우가 많아질 수밖에 없다. 낮에 비해 밤에 범죄율이 높은 것도 이런 이유 때문일 수 있다.

야행성 인간형의 세 번째 문제는 아침에 늦잠을 잘 수밖에 없다는 것이다. 남들보다 하루를 늦게 시작한다는 것은 그리 간단한 문제가 아니다. 우리보다 하루를 먼저 시작한 사람들이 저 멀리 달려가고 있을 때 나 혼자 뒤처져서 허둥지둥 따라가는 것이 그렇게 유쾌할 리 없다. 사람은 누구나 남들보다 잘하고 싶고, 앞서나가고 싶어 한다. 하지만 남들보다 하루를 늦게 시작한다면, 남들에 비해 뒤처졌다는 막연한 불안감을 느끼기 쉽다. 이렇게 유쾌하지 못한 기분으로 하루를 시작하는데, 그 하루가 내가 계획한 대로 순조롭게, 긍정적으로 흘러가기란 생각만큼 쉽지 않다.

그뿐만이 아니다. 하루를 늦게 시작하게 되면 자연스럽게 생산의 시간인 낮은 짧아지고 소비의 시간인 밤이 길어지게 된다. 생산의 시간보다 소비의 시간이 더 길어지게 되면 우리의 인생은 앞으로 나아갈 수 없다. 아니, 오히려 퇴보할 수 있다. 운동 대신 음주가

행복은 하루살이다.
어제 느꼈던 행복의 감정이 오늘까지 이어지리라 기대하지 말자.

그래도 괜찮다.
오늘은 오늘의 행복을 새롭게 만들면 되니까.

그래서 인생은 결과가 아닌 과정이 중요하다.
오늘도 한 발자국씩 전진하면서
새로운 자극을 만들어낼 수 있는 도전하는 삶을 살아가자.

무에 열중하고, 책을 읽는 대신 넷플릭스를 보고, 돈을 버는 대신 돈을 쓰는데 인생이 나아질 리가 만무하다. 주식 계좌의 잔고가 증가하는 대신 신용카드와 대출금이 늘어나는 수렁에 빠져들 가능성이 높아지는 것이다.

새벽형 인간은 남들보다 일찍 생산 활동을 시작한다. 그래서 남들보다 더 많이 생산할 수 있다. 더 많이 공부하고, 더 많이 운동하고, 더 많이 일하고, 더 많이 벌 수 있다. 이렇게 하루 종일 열심히 생산에 몰두하다가 밤이 되면 피곤하다. 소비를 위한 에너지와 소비에 대한 욕구가 자연스럽게 사라지면서 이른 시간에 잠자리에 들 가능성이 남들에 비해 높아진다. 일찍 잠자리에 들었으니, 새벽에 일어나도 상쾌하고 가뿐하다. 기분 좋게 남들보다 생산적인 하루를 시작할 수 있는 선순환이 진행되는 것이다.

이렇게 생산 지향적인 삶을 살아가야 한다고 주장하면 이렇게 반문하는 사람들이 있다. "그렇게 살면 인생의 재미는 어디서 찾느냐?", "조금이라도 젊었을 때 즐겁게 살아야지, 나이 먹고 나면 무슨 재미냐?"는 식이다. 이러한 사고는 생산 활동은 지루하고 따분할 수밖에 없다는 잘못된 인식에서 나오는 착각이다. 생산 활동에 푹 빠져 사는 사람들은 소비에 대한 욕망을 억누르기 위해 인내심을 발휘하면서 억지로 살아가는 것이 아니다. 많은 사람들이 모르는 사실이 있는데, 사실 돈을 많이 쓰는 것보다 돈을 많이 버는 게 더 재미있고 즐거울 수 있다. 거기에 저축이나 투자를 통해 부를 배가

시키는 과정은 중독성이 있을 만큼 재미있을 수 있다. 새로운 지식을 습득하기 위해 하는 학습이나 신체적인 능력을 향상시키기 위해서 하는 운동도 마찬가지다. 지적인 욕구나 성취욕을 채워나갈 수 있음은 물론이고, 매일 향상되는 내적인 매력과 외적인 모습으로 인해 소비 활동에서는 느낄 수 없는 아드레날린이 분비되는 것을 느낄 수 있게 해주는 것이 바로 생산적인 활동이다.

오늘 하루, 지난 한 주, 이번 한 달 동안, 자신이 얼마나 많은 시간을 생산 활동과 소비 활동에 소모했는지 뒤돌아볼 필요가 있다. 혹시라도 소비를 위한 시간이 지나치게 많았다면 아침형 인간으로의 변신을 모색해 볼 필요가 있다. 당신은 소비형 인간인가, 생산형 인간인가?

'그래서'가 아닌 '그래도'의 인생을 살자

우리 아들은 이제 8학년(한국의 중2)이다. 아들을 가진 아빠라면 대부분이 느끼는 점일 텐데, 아들이 성장할수록 함께할 수 있는 것들이 많아서 좋다. 아주 어렸을 때에는 수영을, 초등학교 고학년 이후에는 탁구나 배드민턴, 농구를 함께할 수 있었다. 또, 최근 몇 년간은 조깅을 함께했다. 보통은 5~6km를 뛰는데, 아들은 처음에는 잘 쫓아오지 못하더니 열세 살이 된 지금은 50대 아빠보다 주력이 더 좋다. 솔직히 더 좋은 정도가 아니라, 이제는 너무 기량이 차이 나서 같이 뛰기가 부끄러울 정도다.

처음에 같이 뛰기 시작할 때만 해도, 아들은 중간에 포기하는 경우가 더러 있었다. 계속 달리지 못하고 포기하는 이유를 물으면, 그때마다 숨이 너무 차다, 다리에 힘이 없다, 배가 아프다 등 다양한 변명을 했다. 그때마다 내가 아들에게 전달한 메시지가 있다. '그래서'가 아닌 '그래도'의 모습을 보여 달라는 것이다. 달리기를 하다 보면 숨이 찰 때도 있고, 배가 아플 때도 있겠지만, '그래도' 조그만 참고 더 달려보자는 아빠의 격려였다.

나는 '그래서'보다 '그래도'라는 말을 매우 좋아한다. 왜냐하면 '그래서'는 원인에 따라 결과가 결정되는 자연스러운 인과의 흐름을 보여주는 반면, '그래도'는 원인에 상관없이 결과를 우리가 바꿀 수 있다는 의지가 개입되어 있기 때문이다. 예를 들어, 매일 30분씩 조깅하는 것을 목표로 했다면 변수가 발생했을 때 그것이 큰 문제만 아니라면 그 변수에 항복하면서 '그래서'를 외칠 것이 아니라 '그래도'를 말하면서 극복해야 한다.

'그래서'는 정말 편리하다. 어떤 날은 너무 더워서, 어떤 날은 너무 추워서, 어떤 날은 비가 와서, 심지어 어떤 날은 날씨가 너무 좋아서, '그래서 운동을 쉬자'는 자기 합리화를 가능하게 해준다. 나는 '그래서'라는 말을 잘 하지 않는다. 하루에 30분씩 달리기로 마음먹었으면 비가 오건, 눈이 오건, 너무 덥건, 너무 춥건, 전날 술을 많이 마셔서 피곤하건 '그래도 달려야 한다'고 생각한다.

간혹 가다 "인생이 그렇게 마음대로 되나?"라고 말하는 사람들이 있다. 개인적으로 동의할 수 없는 사고방식이다. 인생은 우리 마음대로 되어야 정상이다. 물론 인생의 고비에서 예상하지 않았던 다양한 장애물과 사건 사고들이 우리를 괴롭힐 가능성이 높다. 그때마다 '그래서'라는 변명을 내세우며 멈추어 서거나 방향을 선회하기보다는 '그래도'를 외치며 정면 돌파할 수 있을 때, 인생은 우리가 원하는 대로 흘러갈 수 있다.

내 마음대로 살아가는 인생을 만들기 위해서는 딱 두 가지를 정복하면 된다. 하나는 나에게 주어진 시간, 또 하나는 자신의 마음이다. 다시 말해, 나에게 주어진 시간과 내 마음을 마음대로 콘트롤할 수 있다면, 세상에 이루지 못할 일이 없다는 것이다.

그렇다면, 첫 번째 정복 대상인 시간은 어떻게 콘트롤할 수 있을까? 방법은 하나밖에 없다. 너무 뻔한 답이라 실망스럽겠지만, 미리 계획을 짜는 것이 유일한 방법이다. 그것도 주어진 시간을 최대한 효율적으로 활용할 수 있도록 가능한 한 디테일하게 계획을 수립하는 것이 중요하다. 매일 아침 일어났을 때, 그날 밤 다시 잠자리에 드는 순간까지, 적어도 시간 단위로는 자신이 어떤 일을 해야 할지 미리 정해야 한다.

우리 집 거실 입구에는 3장의 표가 붙어있다. 바로 아들, 딸, 우리 부부의 생활계획표다. 50세를 훌쩍 넘긴 나이지만, 나는 아직도 초등학교 저학년 때처럼 하루를 요일별, 시간별로 쪼갠 '생활계획표'를 사용한다. 인생에서 가장 소중한 시간, 24시간에서 단 1분이라도 나의 의사 혹은 의지와 상관없이 낭비되는 것을 막기 위한 안전장치인 것이다.

일단 나만의 생활계획표가 완성되었다면, 이제 내 마음을 콘트롤해야 한다. 이 단계에서 필요한 것이 바로 '그래도'의 마음 자세다. 버릇처럼 '그래서'를 외치는 사람은 자신의 시간과 인생을 내 의지와 관계없이 처해진 상황과 외부적인 자극에 내맡기는 셈이다. A라는 상황에 처해있고 B라는 외부 자극이 있었기 때문에, 자신은 AB라는 결과와 방식으로 반응할 수밖에 없었다고 변명하면서 수동적인 인생을 살아가는 사람들이 생각보다 많다.

하지만 인생은 수학 공식이 아니다. 우리가 처해있는 상황이나 외부 자극, 우리가 만들어내는 반응 사이에는 늘 자신의 '의지'와 '선택'이 자리잡을 수 있음을 기억해야 한다. 이 간단한 진리를 인지하고 적극적으로 활용할 때, 비로소 우리를 둘러싼 외부 상황이나 자극과 상관없이, (그래도) 내가 원하는 결과와 반응을 만들어낼 수 있게 된다.

지금부터 당장 '그래서'라는 단어를 당신의 인생에서 지워야 한다. 이제는 '그래도'를 외치며 꿈과 목표를 향해 정진할 시간이다.

지금이 마지막 기회일 수도 있다

인류의 역사가 진행되는 내내 세대 간의 차이나 갈등은 늘 존재해 왔었다. 문명이 진화하면서 각 시대가 필요로 하는 능력과 사회적인 가치가 늘 변화해 왔기 때문이다. 가령, 불과 몇 백 년 전만 해도 최고의 남성상은 신체적인 능력과 전투력이 뛰어난 사람이었다. 말을 잘 타고, 활을 잘 쏘고, 전투에서 용맹스럽게 적진에 뛰어드는 소위 '상남자'가 그 시대가 필요로 하는 인재상이었기 때문이다. 그 시절에는 과격하거나 폭력적인 상황을 천성적으로 싫어하고, 타고난 신체적 조건이 불리한 사람들이 사회적으로 인정받지 못하고 조롱거리가 되는 경우도 있었을 것이다.

하지만 상남자의 시대는 영원하지 못했다. 과거제도를 필두로 시작된 '암기력 테스트'의 시대는 본고사와 학력고사의 시대를 지나 현재의 수능 시대까지 이어지면서, 지적인 능력이 가장 우대받는 사회가 형성되었다. 자연적으로 최고의 남성상이었던 상남자들은 '무식하게 힘만 세다'는 무시를 받으며 저평가되기 시작했다. 남자도 눈썹 문신을 하고, 화장을 하는 시대에는 유명한 운동선수가 아닌 이상, 신체적인 우월함은 사회적으로 합의된 성공의 개념에 아무런 도움이 되지 못했기 때문이다.

앞으로는 어떻게 될까? 짐작컨대, 지적인 능력도 인간으로서의 가치를 높이는 데 도움이 되지 못하는 시대가 될 것이다. 인간은 평생 접해볼 수도 없는 엄청난 양의 정보와 지속적인 학습을 통해 상상을 초월하는 생산성과 지적 능력을 지닌 인공지능과 로봇의 시대가 시작되고 있기 때문이다. 머지않아 "쟤는 무식하게 머리만 좋아"라는 말이 어색하지 않은 시대가 찾아올 수도 있다는 말이다.

'세상은 늘 변하는 것 아니냐?'며 현 상황을 대수롭지 않게 생각하는 사람도 있을 것이다. 과거 인류가 겪어왔던 사회적 진화와 지금 우리가 겪고 있는 인공지능 혁명은 한 가지 커다란 차이를 가지고 있다. 바로 진행 속도다. 과거 인류가 겪어왔던 커다란 변화 혹은 진화들은 최소 수십 년 혹은 수백 년에 거쳐 진행되었기 때문에, 소위 기성세대 입장에서도 큰 위협은 아니었다. 변화 자체가 더디게 진행된 덕분에 시대적 트렌드에 적응할 시간과 기회가 충분했을 뿐더러, 새로운 사회 시스템에 대한 적응을 포기하더라도 남아있는 여생이 짧았기 때문에 큰 문제가 되지 않았다.

지금 나타나고 있는 세상의 변화는 그 점이 다르다. 2022년 11월 30일 OpenAI가 처음 챗GPT를 선보인 이래 생성형 AI 기술은 눈부신 발전을 거듭해왔다. 초기에는 텍스트를 통해 질문에 답하는 대화형 인터페이스에 불과했지만, 이제는 실시간 음성·영상·텍스트 통합이 가능해졌고, 가장 최근인 2025년 8월에 발표된 GPT-5는 '박사급 전문가' 수준의 추론 능력과 고급 코딩 능력을 갖추고, 스스로 작업을 개선하는 자율 에이전트 기능까지 탑재하여 2년 9개월 전에 출시된 초기 버전과는 차원이 다른 수준까지 발전했다. 이러한 기술적 진보와 함께 챗GPT의 사용자 기반 역시 역사상 유례없는 속도로 증가하여 출시 두 달 만에 사용자 수 1억 명을 돌파했고, 2025년 9월에는 8억 명을 넘어서는 경이로운 기록을 세웠다. 출시된 지 3년도 되지 않은 짧은 시간에, 전 세계 인구의 약 10%가 그 전에는 들어본 적도 없는 새로운 기술력을 사용하고 있다는 말이다. 누구나 개인 방송을 제작, 유포할 수 있는 새로운 시대를 열면서, 전 세계 미디어의 역사를 바꿨다고 평가되는 유튜브 역시도 1억 명의 사용자를 확보하는 데 무려 4년 이상이 걸렸다. 천하의 유튜브가 4년이 넘는 시간 동안 해낸 일을 챗GPT는 단 두 달 만에 달성한 것이다. 세상의 변화는 이렇게 눈 깜짝할 사이에 진행되고 있으며, 앞으로 그 속도는 더 빨라질 것이 확실해 보인다.

대부분의 사람들은 컴퓨터와 스마트폰을 사용할 줄 안다. 나는 대학교에 진학할 때까지 한 번도 사용한 적이 없었던 PC를 사용해 책을 집필하고 있고, 매일 아침 유튜브 영상을 제작, 공유하고 있으며 여러 사람들과 줌 미팅도 진행한다. 스마트폰으로 미국 주식에 투자하고, 양가 부모님께 생활비를 송금하고, 휴가를 예약하고, 음식이나 식료품 배달을 주문하기도 한다. 20대 중반부터 사용하기 시작한 PC는 물론이고 30대 중반에 등장한 스마트폰도 아무 문제없이 잘 사용하고 있는 셈이다.

앞으로 새로운 기술이 등장한다면, 쉽게 적응할 수 있을까? 결론부터 말하자면, 그렇지 못할 가능성이 크다. 개인용 컴퓨터는 물론이고, 스마트폰 혁명 역시 상당히 오랜 시간에 걸쳐 진행되었다. 출시 초기에는 아무런 관심이 없었던 사람들도, 나중에 천천히 따라가면서 그 기능을 하나둘 배울 수 있는 시간적 여유가 있었다는 말이다. 이 점에서 인공지능 혁명에선 커다란 차이점이 발견된다. 지난주에 없었던 새로운 플랫폼, 어제는 존재하지 않았던 새로운 앱들이 AI 혁명을 타고 매일 새롭게 등장하고 있다. 여기에는 기업은 물론이고 개인의 생산성과 경쟁력을 극대화시킬 수 있는 새로운 혁신이

다수 포함되어 있다. 결과적으로 기업이나 개인의 역량은 눈 깜짝할 사이에 회복될 수 없는 수준으로 벌어질 가능성이 높다. 이제 한 번 뒤처지기 시작하면, 다시는 따라잡을 기회가 없을지도 모른다.

'인공지능은 증폭기다'라는 말이 있다. 이 개념의 핵심은 AI가 격차를 줄이는 기술이 아니라, 기존에 존재하던 차이를 더욱 빠르고 강하게 벌리는 역할을 한다는 점이다. 과거 산업 시대에는 뒤처진 개인이나 기업이라도 충분한 시간과 자원을 투입하여 열심히 노력하면 따라잡을 기회가 있었지만, AI 시대에는 한 번 벌어진 격차가 시간이 갈수록 복리로 확대되는 구조로 작동한다. 예를 들어, 100과 50의 차이는 50에 불과하지만, 인공지능 기술이 이 수치를 10배 증폭시키면, 이 차이는 500까지 벌어질 수 있다.

AI가 증폭기로 작용하는 이유는 생산성의 비대칭과 확장성 때문이다. AI는 특정 기업이나 개인에게 압도적인 생산성 향상 효과를 제공한다. 과거에 열 명이 했던 일을 한 사람이 처리할 수 있게 되거나, 개인이 전 세계에 영향을 미칠 수 있는 상황이 현실화되고 있다. 또한 AI는 전통적인 기술처럼 선형적으로 확장되는 것이 아니라, 알고리즘과 컴퓨팅 인프라만 있으면 기하급수적으로 확장할 수 있다. 이로 인해 초기 우위를 점한 주체는 시간이 지날수록 더 큰 네트워크 효과와 규모의 경제를 확보할 수 있게 되고, 격차는 자연스럽게 벌어질 수밖에 없다.

실제 사례에서도 이러한 현상은 뚜렷하게 나타나고 있다. 구글,

메타, 엔비디아와 같은 대형 기술 기업들은 AI 연구와 인프라 투자를 통해 다른 기업들이 따라잡기 어려운 기술 격차를 만들어가고 있다. 중소기업은 동일한 수준의 모델, 데이터, 컴퓨팅 파워에 접근하기 어렵기 때문에 뒤처질 수밖에 없는 구조다. 개인 차원에서도 비슷한 일이 벌어진다. AI 도구를 잘 활용하는 사람은 콘텐츠 제작 등의 생산 활동은 물론이고, 리서치나 연구 활동, 데이터 분석 등에서 압도적인 효율성을 확보하는 반면, 같은 분야라도 AI 활용 역량이 떨어지는 사람은 경쟁력 자체를 잃을 수 있다.

이 격차는 기술의 절대적 수준보다 '채택 속도'에 의해 결정될 것이다. AI를 빠르고 효율적으로 내재화한 사람과 기업은 경쟁에서 유리한 위치를 점하고, 그렇지 못한 주체는 따라잡기 어렵다. 게다가 AI 발전 속도가 워낙 빠르기 때문에 후발 주자는 기술을 익히기도 전에 또 다른 세대의 기술이 등장하는 상황이 지속적으로 벌어지게 될 것이다.

결국 AI는 능력과 역량의 차이를 증폭한다. 시간이 갈수록 후발 주자의 진입 장벽은 높아지고, 선도자는 복리 효과를 누리게 될 것이다. 어쩌면 지금이 당신에게 주어진 마지막 기회일 수도 있다.

AI 시대, 기성세대의 유일한 생존법은?

나는 현시대가 단순히 또 하나의 새로운 기술이 등장한 시점이 아니라, 역사적으로 다시 한 번 권력과 부의 구조가 재편되는 거대한 전환기라고 생각한다. 과거 산업혁명이나 인터넷 혁명과의 차이점이라면, 그 '속도'와 '증폭력'이다. 따라서, 인공지능 기술을 선점한 소수와 그렇지 못한 다수의 격차는 시간이 갈수록 복리의 마법에 따라 기하급수적으로 벌어질 가능성이 높다. 그렇기 때문에 지금 이 시기가 기성세대 입장에서는 미래 기득권의 위치를 점할 수 있는 실질적으로 마지막 기회일 가능성이 높다는 해석이 가능하다.

기성세대가 흔히 빠지는 첫 번째 함정은 AI를 '배워야 한다'고 생각하는 것이다. 그러나 인공지능 기술의 세세한 원리를 이해하는 데 시간을 쏟는 대신, AI를 통해 무엇을 이루고 싶은지 목적부터 정하는 방식으로 접근하는 것이 현명할 것이다.

예를 들어, 나처럼 유튜브나 SNS를 운영하는 사람이라면 AI를 통해 아이디어를 빠르게 정리하고, 대본을 만들고, 편집을 자동화하는 프로세스를 설계할 수 있다. 소상공인이라면 고객 관리와 마케팅, 재고 정리, 홍보 문안을 AI에게 맡길 수 있다. 행정이나 교육 종사자라면 문서 정리, 강의안 제작, 이메일 대응 등의 반복 업무를 AI로 전환할 수 있다. AI를 '배우는 대상'으로 생각하면 한없이 어렵지만, '일을 대신 해줄 파트너' 혹은 '개인 비서'라고 생각하면 이야기가 완전히 달라진다.

인공지능의 가장 강력한 힘은 '생산성의 폭발적 증폭'이다. 과거에는 10명이 해야 했던 일을 한 사람이 할 수 있게 만들고, 개인이 전 세계를 상대로 영향력을 행사할 수 있게 만드는 마법 같은 기술이 바로 AI다. 따라서 우리가 경쟁력을 유지하거나 오히려 우위를 점하기 위해서는 AI를 단순한 '보조도구'로 쓰는 데서 멈추지 말고, 자신의 생산성을 지렛대처럼 확장시키는 시스템을 구축해야 한다.

유튜브나 블로그를 운영하는 경우, 콘텐츠 아이디어 발굴부터

대본 작성, 음성 더빙, 영상 편집, 자막 처리, 업로드 관리까지 전 과정을 AI로 자동화하면 콘텐츠 생산량을 3~5배 이상 늘릴 수 있다. 이건 이론이 아니라, 지난 1~2년간 직접 실행을 통해 증명된 수치다. 강의나 컨설팅을 하는 경우에도 AI를 활용해 콘텐츠를 자동 정리하고 확장하면, 한 번 만든 자료를 수십 개의 파생 콘텐츠로 전환할 수 있다. 개인 사업자는 마케팅, 회계, 고객 대응 등을 AI로 처리해 고정비를 줄이고 매출을 늘릴 수 있다. 일단 이런 구조를 갖추게 되면 AI가 발전할수록 오히려 더 큰 우위를 가질 수 있게 된다. 앞에서 강조했던 AI의 '증폭력' 때문이다.

기성세대가 빠질 수 있는 또 하나의 함정은 '완벽하게 이해하려는 태도'다. 학창 시절에 완벽하게 이해하지 못하면 시험 점수와 등수에 직접적인 영향이 있었기 때문에, 늘 철저히 이해하고 완벽하게 기억하려고 노력한다. 하지만 AI 기술은 너무 빠른 속도로 진화하고 있기 때문에, 애당초 완벽하게 배우려는 시도는 비효율적이다. 중요한 건 얼마나 많이 이해하는가가 아니라 얼마나 많이 시도하고 실행하는가이다. AI를 활용해 일정 관리, 아이디어 정리, 콘텐츠 초안 작성, 데이터 분석, 이메일 응답, 마케팅 문안 작성 등을 직접 해보면서 경험을 쌓는 게 가장 빠른 학습 방법이다. 이런 방식으로 접근하면 기술 장벽을 크게 낮출 수 있고, 자연스럽게 자신에게 맞는 AI 활용 방식을 찾을 수 있을 것이다.

결국 인공지능 시대는 '부익부 빈익빈'의 시대다. 그리고 뒤처지지 않기 위해 필요한 것은 기술적 천재성이 아니라 전략적 사고와 실행 속도다. 지금은 단순한 기술 전환기가 아니라 부의 구조가 다시 짜이는 시기이며, 이 시기에 AI를 자신의 구조 안에 녹여낸 사람은 앞으로 AI 시대의 수혜자가 될 가능성이 높다. 반대로 그렇지 못한 사람은 기술 격차 때문에 밀려나는 피해자가 될 것이다.

아직도 세상에 어떤 변화가 찾아왔는지 전혀 눈치 채지 못하고, 과거 기성세대들이 그랬던 것처럼 '꼰대 놀이'에 빠져 다음 세대를 비판적으로 바라보면서 가르치려 하는 사람들이 있다. 당장 현실을 직시해야 한다. 지금은 뒤떨어진 경험과 지식으로 누구를 가르칠 때가 아니다. 하루가 다르게 변화하고 있는 세상에 대해 나보다 한 살이라도 어린 세대에게 하나라도 더 배워야 하는, 새로운 혁명을 경험해야 하는 시간이다. 지금 이 시기를 놓치면, 다음 기회는 없을 수도 있다.

열심히 노력해도 안 된다면 어떻게 해야 할까? 인공지능 시대가 시작되었다는 것도 인지하고 있고, AI라는 새로운 기술에 관심을 가지고 사용해 보고 있지만, 마냥 어렵게만 느껴진다면? 도대체 뭘 어떻게 시작해야 할지 전혀 감이 잡히지 않는다면? 그런 사람들은 어떻게 해야 할까? 이대로 새로운 시대에 적응하지 못한 채 낙오자가 되고 마는 것일까?

아직 절망할 필요는 없다. 애플이 아이폰을 출시하면서 모바일 혁명을 시작했을 때도 모든 사람이 모바일 앱을 개발하고 부를 창출했던 것은 아니다. 물론, 능력이 출중한 인재들은 애플에 입사하거나 자신의 비즈니스를 만들어 애플의 협력업체가 되면서 모바일 혁명의 주인공이 될 수 있었다. 하지만, 애플이 전 세계 최고의 기업으로 성장하는 과정에서 막대한 부를 창출할 수 있었던 또 하나의 그룹이 있었다. 바로 투자자, 즉 애플의 '주주'들이다.

모든 사람들이 인공지능 혁명을 직접 주도하거나, AI 애플리케이션을 활용해 생산성과 효율성을 극대화시킬 수는 없을 것이다. 하지만 엔비디아나 구글, 메타 혹은 테슬라의 주주는 될 수 있다. 직접 세상의 변화를 좇아가기가 버겁다면, 세상의 변화에 가장 빨리 적응할 뿐만 아니라 사실상 세상의 변화를 직접 만들어나가고 있는 기업들을 찾아 투자하면 된다.

앞에서 인공지능을 '증폭기'라고 불렀다. 이 증폭기는 앞으로 1등과 5등의 차이, 5등과 10등의 차이를 점점 더 벌려놓을 가능성이 높다. 2025년 10월 기준, 전 세계 시가총액 TOP10 중에 미국 기업은 무려 8개나 된다. 인공지능 시대가 본격화되는 지금, 우리가 '미국주식'에 투자해야 하는 이유가 바로 여기에 있다.

당신의 돈은 일하고 있는가?
잠자고 있는가?

당신이 부자가 되지 못하는 이유

이번에는 미국주식 투자 전문 유튜버답게(?) 부를 축적하는 방법
에 대한 이야기를 해볼까 한다. 우리 부부는 결혼 8년 차까지 아이
를 가지지 않았다. 처음에는 서로의 존재만으로도 만족했었고 자
녀 없이 둘이서만 알콩달콩 살아볼까 생각했기 때문이다. 그래서
우리는 9년을 맞벌이 부부로 살았다. 둘 다 호텔리어로 일했기 때
문에 월급은 많은 편이 아니었지만, 경력 10년 차에 육박하면서 둘

의 연봉을 합쳐 1억 원이 넘어가는 수준이었다. 하지만, 억대 연봉을 받는 우리 부부의 은행 계좌는 늘 비어있었다. 우리 부부가 아이도 없는 상황에서 결혼 10년 차가 될 때까지 돈을 모으지 못했던 이유를 몇 가지 언급해 보고자 한다.

가장 큰 문제는 욕심이었다. 사회 초년생들이 저지르는 가장 큰 실수 중에 하나는 재산과 살림살이를 늘린다는 착각을 하면서 자신도 모르는 사이에 삶의 부채와 무게를 늘려나간다는 사실이다. 우리 부부도 마찬가지였다. 직장에서 승진을 하고 월급이 오르자 우리는 필요하지도 않은 인생의 액세서리를 하나씩 모으기 시작했다. 명품백도 구입해 보고, 몇 백만 원씩 하는 양복도 사 입었다. 결혼 5년 차에는 다소 무리수를 두면서까지 집을 장만했는데, 난생 처음 생긴 집을 멋지게 장식하기 위한 가구와 가전제품을 사기 위해 신용카드도 긁어댔다.

가장 큰 실수는 자동차였다. 영국에서는 중고차를 몰았지만, 한국에서는 '부장님'이라는 타이틀에 맞추어 고급 중형차를 구입했다. 굳이 없어도 되는 차를 굴리다 보니, 매달 연료비는 물론이고, 보험료, 세금, 주차비, 출동 서비스 등 부가적으로 발생하는 비용이 장난이 아니었다. 거기에, 주말마다 드라이브를 하면서 기분을 냈고, 집이 아닌 곳에서 숙박하고 외식하는 경우가 많아지면서, 생활비는 기하급수적으로 늘어났다.

결국 우리가 정신을 차렸을 때는 이미 너무 많이 가버린 상태였다. 집 장만을 위해 빌린 모기지를 제외하더라도, 빚과 은행계좌의 마이너스 통장 밸런스는 이미 5,000만 원을 훌쩍 넘어가고 있었다. 우리는 그 빚을 갚기 위해 5년 가까이 생고생을 했다. 열심히 벌고, 아끼고, 생활해도 은행계좌가 마이너스에 머물러 있던 그 시간은 우리의 삶에서 가장 지루하고 재미없던 시간이었다.

지금 와서 생각하면 참 철없던 시절이었다. 그리고 겁 없던 시절이었다. 그렇게 겁 없던 우리 부부는 아이들이 태어나면서 비로소 삶에 대한 두려움을 가지게 되었다. 그때부터 삶의 방식이 현재에 집중하기보다 미래 지향적으로 바뀌게 되었다. 인생의 포커스가 현재에서 미래로 바뀌게 되면, 돈을 사용하는 방식도 지출에서 투자로 이동하게 된다. 좋은 옷, 예쁜 가방과 액세서리, 멋진 휴가를 위해 사용하던 돈으로 우리는 저축을 하고 주식을 사기 시작했다. 내가 거의 매일 마시던 술을 입에 대지 않기 시작한 것도 이때쯤부터였다. 비싼 와인이나 위스키를 즐기기 위해 낭비하는 돈이 너무 아깝게 느껴졌기 때문이다.

이렇게 금전적인 소비가 줄어들게 되면서 우리 부부의 삶에는 또 하나의 커다란 변화가 일어났는데, 바로 불필요한 곳에 낭비하던 시간적인 소비도 자연스럽게 줄어들게 된 것이다. 금전적인 지출을 줄이게 되자, 주말이면 습관처럼 다니던 쇼핑몰이나 백화점에서의 시간이 조금씩 지루하고 의미 없게 느껴졌고, 여행과 외식으로 채워졌던 여가 시간은 운동과 독서, 새로운 것을 배우기 위한 학습 시간으로 바뀌어갔다. 금전적인 지출이 투자로 바뀌면서, 시간적인 지출 역시도 미래를 위한 투자로 전환하게 된 것이다.

우리 부부의 인생에 이러한 변화가 찾아온 지도 벌써 10년 정도가 되었다. 이제 우리 부부는 더 이상 신용카드 빚이나 마이너스 통장 때문에 걱정하지 않는다. 오히려 조금씩 모아가던 주식의 개수가 빠르게 늘어나면서, 이제 '돈 쓰는 재미'는 비교도 되지 않는 '자산을 늘리는 재미'에 푹 빠져 살고 있다. 그뿐만이 아니다. 재미와 쾌락에 낭비되던 시간을 미래를 위한 생산적인 활동에 투자하는 습관이 생기면서, 인생을 살아가는 방식에도 많은 변화가 생겼다.

2020년 난데없이 찾아온 팬데믹의 악몽으로 운영하던 호텔이 하루아침에 문을 닫았을 때, 나는 갑자기 늘어난 여유 시간을 TV 앞에 앉아 넷플릭스나 유튜브를 시청하면서 소일하지 않았다. 내가 일하던 호텔이 운영을 중단한 기회를 이용해 '미국주식으로 은퇴하기'라는 유튜브 채널을 오픈하고 인플루언서라는 새로운 인생을 개척할 수 있었던 이유는 소모적인 활동으로 시간을 낭비하던 습관이 없어진 이후에 팬데믹이 찾아왔기 때문이었다. 이 책을 통해 인연을 맺은 여러분도 지금부터 소비하는 삶에서 투자하는 삶으로의 전환을 모색해 보길 바란다.

당신이 자는 시간에도 돈을 벌지 못한다면

나는 미국과 영국에서 10년 정도 직장 생활을 했다. 2021년 영국으로 다시 돌아와서는 직장에 다니지 않았지만, 주위 사람들과의 대화를 통해 서양의 직장 문화에 대해 새로운 점을 느꼈다. 서양에서는 동양에서처럼 열심히 일하는 것에 대해 높은 평가를 하지 않는다는 것이다. 열심히 일하는 행위에 대한 영어 표현은 'hard working'이다. 직역을 하면 '어렵게 일한다'가 된다. 일을 정말 열심히 하는 사람들에게는 'workaholic'이라는 표현을 쓰면서, 일에 중독되었다는 부정적인 평가를 내리기도 한다. 이런 식으로 이들의 문화에서는 열심히 일하는 행위를 추앙하거나 찬양하지 않는다. 적은 노력으로 많은 결과를 만들어내는 것을 열심히 일하는 것보다 훨씬 더 높이 평가하는 것이 그들의 문화라고 해도 과언이 아니다.

유추해 보건데, 동양이 서양에 비해 노동을 신성시하는 문화는 과거 우리의 농경 사회에서 온 것 같다. 뿌린 대로 거두는 농경문화에서는 조금이라도 더 열심히, 더 오래 일하는 사람에게 후한 점수를 주게 된 것이 당연한 결과일지 모른다. 더욱이, 벼농사는 단기간에 많은 노동력이 집중되어야 한다. 모내기, 김매기, 벼 베기와 같이 혼자 할 수 없는 농사일을 해결하기 위해서는 정해진 순서에 따라 각 가구의 농사일을 공동으로 해결할 수밖에 없는데, 이런 상황에서는 조금이라도 더 열심히, 오래 일하는 사람이 최고의 일꾼이었다.

그러다 보니, 열심히 일하지 않고 부를 창출하는 행위에 대해서 매우 부정적인 시각을 가지게 된 것이 사실이다. 우리 시대에 한국에서 태어난 세대(베이비부머&X세대)는 '주식하면 패가망신한다'는 말을 많이 들으면서 자라왔다. 그래서 나 역시도 마흔이 넘을 때까지, 주식 투자는 도박이나 놀음과 마찬가지로 절대 손대지 말아야 할 부정적인 것으로 생각하면서 살아왔다. 이런 성장 배경 때문에 한국에선 아직도 주식 투자를 시작하지 못하는 사람들이 많다. 거기에다, 한국 사회에는 노동을 하지 않고 돈을 버는 것은 바람직하지 못한 것으로 치부하는 어처구니없는 사회적 분위기가 조성되어 있다. 이런 환경에서 성장한 우리 세대는 자연스럽게 돈이나 부에 대해 적극적으로 학습할 기회를 갖지 못했고, 결과적으로 돈이나 부에 대한 '무지'를 안고 살아가는 안타까운 상황이 되었다. OECD의 가장 최근 수치에 따르면, 한국의 노인 빈곤율은 약 39.7%로, 압도적인 차이로 세계 1위를 차지했다. 이 역시 우연의 결과가 아닌 셈이다. '경제적 문맹'이 초래한 심각한 사회적 문제라고 진단하는 것이 합리적일 것이다.

아직까지 경제 활동을 통해 소득을 창출할 능력과 시간이 남아 있는 우리 세대, 그리고 후배 세대들은 지금부터라도 돈의 습성에 대해 철저히 학습하고 부의 축적을 위해 많은 관심과 노력을 기울이면서 노후를 적극적으로 준비해야 한다. 그렇게 해야만 윗세대의 실수를 반복하지 않을 것이다.

물론 한국에서도 부동산 투자에 대한 열풍은 아주 오래전부터 지속되어 왔다. 부동산 투자는 대규모 자본과 높은 신용도가 필요한 투자방식이기 때문에 일부 중산층과 부유층에게만 그 기회가 열려있다. 반면 소규모 자본으로도 얼마든지 시작할 수 있고 복리의 마법을 이용해 부를 축적할 수 있는 주식 투자는 불투명한 미래와 노후가 걱정되는 사람이라면 누구나 관심을 갖고 시도해 볼 수 있는 대표적인 투자 방법이다.

전 세계에서 가장 성공적인 투자자로 유명한 워런 버핏은 이렇게 말했다.

"당신이 자는 시간에도 돈을 벌지 못한다면, 죽을 때까지 돈을 벌어야 할 것이다!"

최근 들어 이 말의 중요성이 더 커져가고 있다. 평균 수명이 늘어나고 있기 때문이다. 이제 우리는 60대에게 노인이라고 말하지 않는다. 누구나 80~90대의 삶을 살아야 하는 시대가 찾아왔기 때문이다. 이제 머지않아 대부분이 100년의 삶을 영위하는 시대가 도래할 것이다. 여러분은 100살이 될 때까지 하루 종일 일하면서 생계를 유지하고 싶은가? '살아도 사는 게 아니야'라는 말이 있다. '인생이 너무 어렵다', '인생이 너무 재미없다', '인생이 너무 고통스럽다'는 의미가 담긴 말이다. 행복의 시간이 길수록 좋고, 불행의 시간은 짧을수록 좋다. 일단 우리에게 주어진 시간은 확실하게 길어졌다. 이제 그 시간을 행복으로 채워야 할 차례다. 이것이 바로 지금부터라도 소비를 멈추고, 투자를 시작해야 하는 이유이다.

당신의 은퇴는 준비되어 있는가?

직접 경험하기 전에는 실감나지 않는 것들이 있다. 은퇴가 그러하다. 그냥 막연히 '평생 열심히 일하던 사람들이, 그에 대한 보상으로 노년기에 일하지 않고 편안한 삶을 영위하는 것'이 은퇴라고 생각한다면, 큰 코를 다칠 수 있다. 은퇴는 결코 장밋빛이 아니다.

나이를 먹어갈수록 여러 가지 문제점들을 마주치게 된다. 단순히 경제적인 생산능력이 떨어진다거나, 육체적인 노화로 인해 힘이 떨어지는 건 그나마 다루기 쉬운 문제점에 속한다. 내가 보기에 가장 중요하고 어려운 문제는, 난생 처음 경험해 보는 '인생의 역성장'이다. 대부분의 사람들은 태어나서 은퇴할 때까지 대체로 우상향하는 인생을 경험한다. 물론, 신체적인 성장은 20대 이후에 중단되지만 지적인 성장, 영적인 성장, 사회적인 성장, 그리고 경제적인 성장은 보통 은퇴가 다가오는 시점까지 지속되는 경우가 많다. 50대로 넘어가면서 급격히 찾아오는 육체적인 퇴화는 그래도 견딜 만하다. 사회적으로, 경제적으로, 영적으로 이루어낸 성장 덕분에 육체적인 퇴화로 인한 어려움이나 좌절감을 쉽게 극복할 수 있기 때문이다.

하지만 은퇴 후 찾아오는 고통은 이보다 몇 배는 더 어려운 과정이다. 왜냐하면, 난생 처음으로 인생의 모든 부분이 성장을 멈출 뿐만 아니라, 급격한 퇴보를 경험하기 때문이다. 경제적인 성장이 멈추는 부분은 그나마 쉬운 편에 속한다. 많은 사람들이 경제적인 부분에 대해서는 오랫동안 고민하고 준비해 왔기 때문이다. 하지만 사회적인 퇴보에 대해서는 대부분이 준비가 미흡할 것이다. 경제적인 은퇴처럼 수치적으로 분석하거나 준비할 수 없기 때문에, 직접 경험하기 전까지 그 어려움을 실감하기는 쉽지 않다.

은퇴 전까지 대부분의 사람들은 전반적으로 성장을 경험한다. 20~30년 넘는 오랜 시간 동안 지속적인 성장을 경험하면 연속적인 성장에 익숙해질 뿐만 아니라, 자신에 대한 확신과 자존감이 함께 성장하면서 영적으로도 전투력이 정점을 찍게 된다. 결과적으로 웬만한 어려운 일이나 성가신 인간관계로 인해 좌절하거나 불행해지지 않는 내구성을 가지게 된다. 고대 중국의 사상가 공자(孔子)가 자신의 삶을 회고하며 남긴 말에서 유래한 40세를 '불혹(不惑)'이라고 부르면서, 인생의 경험과 학습을 통해 자신만의 굳건한 가치관이 세워져 어떠한 유혹에도 흔들리지 않는 경지에 이르렀다고 표현한 것도 같은 의미라고 생각한다.

나는 호텔 총지배인이라는 타이틀을 내려놓고 난 후, 내가 예전에 비해 작은 문제들 때문에 쉽게 상처를 받는다는 것을 깨닫기 시작했다. 예를 들어, 예전 같으면 나에게 무례하게 대하는 사람을 만나면 '별 미친놈이 다 있네' 이렇게 생각하고 넘어갔을 상황에서도 '나를 무시하는 건가? 내가 우습게 보이나?'와 같이 나와 연계해서 생각하는 버릇이 생기게 되었다. 은퇴 전에는 무시하고 상대하지 않았을 사람들로 인해 마음에 상처를 받는 경우가 생기고, 많은 사람들이 모이는 자리가 조금씩 꺼려지게 되는 생소한 나의 모습을 마주하게 된 것이다.

문제는 내 안에 존재하고 있었다. 사회적인 지위와 타이틀, 그리고 그 안에 존재하던 수많은 인간관계를 내려놓으면서, 나는 나도 모르는 사이에 그동안 쌓아왔던 자존감마저도 상당 부분 함께 내려놓았던 것이다. 하지만 은퇴와 동시에 그렇게 쉽게 사라질 자존감이었다면, 애당초 그건 내 것이 아닌 총지배인이라는 타이틀이 가지고 있던 것이다.

그래서 사회적인 존재로의 은퇴 준비, 영적인 존재로서의 은퇴 준비는 나 자신에 대한 존중과 사랑으로 시작해야 한다. 직장의 타이틀을 내려놓는 순간, 자기 자신이 별 볼일 없는 사람으로 느껴졌다면 제대로 된 은퇴 준비를 못한 것이다. 김 전무, 이 상무, 박 부장의 타이틀이 없어도, 나라는 존재는 변함이 없다는 것을 기억해야 한다. 그깟 타이틀 하나 없어졌다고, 그동안 쌓아왔던 나의 인간적인 매력이, 인간적인 가치가 손상되지는 않는다는 것을 명심해야 한다. 이 점을 깨닫게 되면 홀로 설 수 있다. 더 이상 나를 따르는 사람이 없더라도, 나를 인정해 주는 사람이 보이지 않더라도, 실망하거나 무기력해지지 않고 온전한 나 자신을 내가 인정해 주면서 나만의 인간적인 가치를 유지할 수 있다.

또한, 비록 육체적인 성장, 사회적인 성장, 경제적인 성장은 멈춰버렸지만, 우리에게는 아직 영적인 성장, 지적인 성장에 대한 가능성이 남아있음을 기억해야 한다. 행복한 삶을 유지하기 위해서는 2가지가 필요하다. 첫째는, 어제보다 발전한 오늘의 나를 만들어냈다는 성취감, 또 하나는 오늘보다 더 나은 내일이 존재하리라는 희망이다. 그래서 은퇴했다고 해서 삶의 행복을 포기할 필요가 없다. 우리의 삶이 완전히 막을 내릴 때까지, 우리들의 영적인 성장과 지적인 성장은 영원히 지속될 수 있기 때문이다.

은퇴는 결코 새로운 문제가 아니다. 우리의 부모 세대도, 또 그 전 세대도 같은 문제를 겪었지만 지금 시대에 은퇴 문제는 더 중요해지고 있다. 왜냐하면 은퇴 후 남은 기간이 점점 길어지고 있기 때문이다. 평균 수명이 60~70세였을 때는 은퇴 이후 남은 삶이 길지 않았다. 그래서 은퇴 후의 삶을 제대로 준비하지 못했더라도 그런대로 견디다가 삶을 마감할 수 있었다. 5~10년 정도야, 애지중지 키운 자식들의 도움을 받아 경제적인 문제도 해결할 수 있었다.

이제는 상황이 달라졌다. 앞으로 은퇴하는 세대는 직장을 떠나는 시기가 50대가 되든, 60대가 되든, 최소 40~50년 정도는 또 다른 인생을 살아가야 한다. 예전에는 누가 더 산에 잘 오르는가, 누가 더 빨리 정상에 도달하는가만 중요했다. 하지만 이제는, 누가 더 여유롭고 편안하게 산에서 내려올 수 있는가에 따라 인생 후반의 행복이 좌우된다. 은퇴 후 50년 가까운 세월을 아픈 몸 때문에 매일 병원에 다니며 힘겹게 살아갈 것인가? 40~50년의 세월 동안 자식들에게 손을 내밀며 자존심을 구길 것인가?

우리 모두는 언젠가는 은퇴라는 인생의 과정이 찾아올 것이라는 걸 알고 있다. 하지만, 은퇴라는 인생의 단계를 적극적으로 계획하고 준비하는 사람들은 생각보다 많지 않다. 산을 올라가는 과정만큼, 산을 내려가는 과정 또한 즐겁고 행복해야 한다. 산 정상에 우뚝 서있는 그 짧은 순간만이 인생이 아니다. 정상까지 내딛은 한 걸음 한 걸음, 그리고 정상을 뒤로하고 내려오는 발걸음 하나하나가 모두 소중한 인생이다. 지금부터라도 꼼꼼히, 정상을 찍고 나서 시작될 내 인생의 하산 과정을 자세히 그려보자.

노력의 배신

2026년 2월 27일 초판 1쇄 인쇄
2026년 3월 6일 초판 1쇄 발행

지은이 | 최철
펴낸이 | 이종춘
펴낸곳 | (주)첨단

주소 | 서울시 마포구 양화로 127 (서교동) 첨단빌딩 3층
전화 | 02-338-9151
팩스 | 02-338-9155
인터넷 홈페이지 | www.goldenowl.co.kr
출판등록 | 2000년 2월 15일 제 2000-000035호

본부장 | 홍종훈
편집 | 문다해
디자인 | 섬세한곰, 윤선미
전략마케팅 | 구본철, 차정욱, 오영일, 나진호, 강호묵
온라인 홍보마케팅 | 이지영
제작 | 김유석
경영지원 | 이금선, 최미숙

ISBN 978-89-6030-656-1 03320

BM 황금부엉이는 ㈜첨단의 단행본 출판 브랜드입니다.

황금부엉이에서 출간하고 싶은 원고가 있으신가요? 생각해보신 책의 제목(가제), 내용에 대한 소개, 간단한 자기소개, 연락처를 book@goldenowl.co.kr 메일로 보내주세요. 집필하신 원고가 있다면 원고의 일부 또는 전체를 함께 보내주시면 더욱 좋습니다.
책의 집필이 아닌 기획안을 제안해주셔도 좋습니다. 보내주신 분이 저 자신이라는 마음으로 정성을 다해 검토하겠습니다.